KB203241

The Children Catechism Education of Jesus Garden:

Theory & Practice 1

예정원 어린이 교리교육의 이론과 실제 1

예정원(Jesus' Garden)은 에수님의 정원이라는 의미로 어린이들이 진인격직이고 영적인 성숙과 발달을 이루어가는 예수님이 돌보시는 어린이의 동산을 의미합니다.

예정원은 어린이교육선교 운동으로 신학, 교육, 영성이 조화를 이루어 어린이를 예수님께로 인도하는 초 교파적이며 복음적인 어린이 교육선교 운동입니다.

예정원교회교육연구원은 새로운 어린이 교육선교 운동에 일익을 감당하고자 기독교 어린이교육에 대한 교육 선교사역을 위하여 설립되었습니다.

예정원 사역에 대한 자세한 문의는 경기도 구리시 교문동 212-10 4층 예정원교회 교육연구원(전화 031-551-6041, 6042)로 문의해 주시기 바랍니다.

www.Jesusgarden.net

예정원 어린이 교리교육의 이론과 실제 1

2016년 8월 15일 초판 1쇄 인쇄
2016년 8월 18일 초판 1쇄 발행
지은이 이정규, 유희진, 한유진, 송성은, 신미경
발행처: 예정원교회교육연구원
발행인: 이정규
경기도 구리시 교문동 212-10 예정원 빌딩 4층
Tel 031-551-6041 | Fax 031-551-6042
ljk6247@hanmail.net
www.Jesusgarden.net
등록번호: 398-2011-000018
출판신고: 2011. 12. 22
책 값은 표지에 있습니다.

ISBN : 979-11-958659-0-1 93230

예정원 어린이 교리교육의 이론과 실제 1

어린이 교리교육에 대한 총체적 접근

 예정원교회교육연구원

The Children Catechism Education of Jesus Garden :
Theory & Practice 1
Whole Approach of Children Catechism Education

Jesus Garden Church Education Institute

목 차

제1부 예정원 어린이 교리교육 이론

제2부 예정원 어린이 교리교육 실제

추 천 사

　오늘 우리 사회의 특징을 두 가지만 든다면 첫째는 4차 산업혁명시대 혹은 인공지능시대요, 둘째는 출산을 하지 않는 시대라 할 수 있다. 4차 산업혁명시대인 오늘 우리의 사회는 과학이 고도로 발달되어 이 전에 영화나 상상의 세계에서만 볼 수 있었던 것이 이제는 현실의 삶 속에서 매우 자연스럽게 실현되고 있는 모습을 본다. 그 한 예를 얼마 전에 있었던 인류를 대표한 바둑기사 이세돌과 구굴 인공지능 알파고와의 바둑대결을 들 수 있다. 이 대결에서 인간이 만든 최고의 바둑 인공지능 프로그램이 바둑의 최고 인간 실력자에게 승리하는 결과를 거두었다. 이처럼 과학의 발달은 이전 인간 생활의 편리함을 가져오는 것은 물론 로버트가 청소를 대신하거나 노인들과 대화를 나누는 등의 일을 할뿐만 아니라 인간이 만든 컴퓨터 프로그램과의 대결, 앞으로 질병을 사전에 예방하거나 건강관리, 그리고 기후변화 연구에도 활용될 수 있을 것이다.

　우리 사회의 두 번째 특징은 출산을 하지 않는 사회라는 것이다. 2014년 연합뉴스에 나온 통계에 의하면 우리나라의 출산율은 전 세계에서 최하위권으로 1.25명이며 분석대상 224개국 중 219위를 차지하고 있다. 1980년부터 급격하게 줄어든 출산율은 1990년에는 1.6명, 2000년에는 1.47명으로 최악의 상항으로 치달았다. 이러한 현상은 2018년부터 매년 대학 입학 정원이 4만 5천 명씩 남아돌게 되며 2023년에는 입학정원이 10만 명이 모자라게 되는 현상을 낳게 된다.

　이상의 우리 사회의 두 가지 특징은 기독교에 위기를 가져왔다. 4차 산업혁명이라고 하는 과학의 발달은 그 핵심에 인간의 능력이 자리를 잡고 있으며 계몽주의 시대 이후 인간의 이성이 하나님의 자리를 차지했던 역사적 흐름 속에서 인간의 이성과 능력이 최고의 위치를 차지하게 하였다. 그리하여 인간이 이 세상 모든 것의 주인이 되었고 이러한 현상은 기독교의 신본주의를 배격하는데 중추적 역할을 하였다. 따라서 하나님이나 교회의 가르침보다는 과학을 신봉하는 사회를 만들었다. 또 다른 우리 사회의 특징인 저출산의 현상은 교회에서 어린이를 위한 교육의 피폐를 초래하였다. 2-3년 전 대한예수교장로회 합동 측 노회 삼분의 일의 교회에 주일학교가 운영되지 않는다는 말이 있었는데 지금은 노회의 반 이상의 교회에 주일학교가 없으며 있어도 매우 소수 만이 교회에 출석하고 있는 실정이다.

　이러한 현상은 교회의 존재를 위협하는 요소임에 틀림없다. 교회의 다음 세대가 건강해야 신앙의 전통이 유지되며 이는 교회교육을 통해 가능한 일이다. 그러나 현재 우리나라의 사회적 특징을 볼 때 교회교육은 눈에 띄게 약화되고 있으며 그 존재가 매우 미미하다.

교회의 다음 세대를 건강하게 키우기 위한 특단의 조치가 필요하다. 이리한 상황에서 "예정원의 교리교육의 이론과 실제"는 매우 시의 적절한 책이라고 볼 수 있다. 교리는 신앙의 뼈대에 해당되는 부분이기에 바른 신앙의 정립을 위해서는 반드시 교육되어야 하는 내용이다. 그러나 어렵다는 이유로 성인들에게도 교육을 시키는 일이 많지 않은 이때에 어린이를 위한 교리교육이 어렵지 않은가 라는 질문을 가질 수 있다. "예정원의 교리교육의 이론과 실제"는 스토리텔링으로 성경의 교리를 풀어나가기 때문에 어려운 내용을 쉽게 설명해 줄 수 있다. 한 예로 하나님의 섭리나 작정을 요셉의 이야기를 통해 설명해 줌으로써 어려운 내용을 쉽게 성경이야기를 통해 이해할 수 있도록 돕고 있다. 특히 교구를 통해 이야기를 나누기 때문에 더욱이 어린이들에게 교육적 효과가 매우 크다. 이러한 사실은 퍼펫이나 교구를 통해 어린이들에게 성경이야기를 들려주었을 때 그렇지 않은 경우 보다 효과가 매우 크다는 연구결과들이 입증을 해 준다. 또한 여러 관련활동을 제공함으로써 배운 내용을 강화하거나 폭넓게 이해할 수 있도록 도와준다. 따라서 이 시대의 어린이를 위한 교회 교육적 어려움을 극복하고 어린이들이 다음 세대 교회의 주역으로서 그 역할을 감당해 나갈 수 있는 대책으로 "예정원의 교리교육의 이론과 실제"를 적극 추천한다.

정희영 | 총신대학교 유아교육과 교수

머리말

　역사적으로 교회는 위기 상황에서 하나님의 말씀을 지키기 위해 노력해 왔습니다. 교회의 위기 상황은 교회가 하나님의 말씀으로 돌아오고 새롭게 되는 기회가 되었습니다. 개신교 교회는 대내외적으로 어려울 때 신앙고백과 함께 성경의 진리를 정립하기 위해 교리 체계를 확립하여 교리문답교육을 실시하였습니다. 교회역사는 곧 교리사입니다. 지금 세계 교회는 총체적인 위기 상황에 봉착되어 있습니다. 포스트모더니즘과 다원주의 문화가 교회 안으로 유입되어 절대 진리인 말씀을 약화시키고 성경의 관점들을 상대화하고 있습니다. 한국교회도 예외는 아니어서 양적 부흥은 멈추어 쇠퇴기에 접어들었고 저 출산과 함께 고령화된 교회로 변모하고 있습니다. 교회에서 주일학교의 어린이는 줄어들고 있어서 한국교회의 미래가 불투명한 상황입니다.

　그러나 이러한 상황이 교회 역사가 보여주듯 교회가 하나님의 말씀으로 돌아오는 기회가 될 수 있습니다. 다행이 요즘 한국 교회에 교리교육에 대한 바람이 불고 있습니다. 이러한 현상은 교회가 영적 위기상황을 감지하고 말씀으로 돌아가 기초를 확고히 다지려는 반응이라 할 수 있습니다. 교회의 소망은 어린이에게 있습니다. 어린이가 하나님의 말씀을 깊이 이해하고 말씀대로 살아가는 삶의 모습을 가질 때 한국교회의 미래는 소망이 있습니다. 대부분의 신실한 기독교인들은 어렸을 때 하나님의 은혜를 받고 주님의 품으로 돌아온 사람들이었습니다. 한국교회가 성장한 밑거름에는 초창기 한국 선교를 감당했던 선교사님들이 어린이에게 말씀을 가르치는데 힘썼기 때문입니다. 그러면 어린이에게 교리교육을 어떻게 가르칠 것인가라는 물음에 우리는 답을 해야 합니다. 교회 전통의 교리교육은 문답식 교육을 통한 암송교육이었습니다. 교육학적 관점에서 어린이 교리교육에 접근하는 방법이 필요한 때입니다.

　예정원의 출발은 교육을 통한 어린이 선교 사역이었습니다. 교육선교의 중요성을 깨달은 몇 명이 모여 시작된 것이 예정원(Jesus Garden)의 시작이었습니다. 예정원 사역은 이미 10년 전부터 뿌리를 내렸었습니다. 어린이에게 예수님을 어떻게 소개하고 복음을 전할 것인가?(예수님을 만난 사람들의 이야기), 구속사 이야기, 예수님의 생애, 가르침(비유 이야기) 등등. 어린이의 발달과정에 맞게 교육학적 방법들을 통해 말씀을 가르치는 사역을 지속적으로 감당해 왔습니다. 그러던 차에 어린이 교리교육의 중요성을 알게 되었고 예정원의 교육방법을 통해 어린이에게 교리를 소개하고 배울 수 있는 체계를 개발하기에 이르렀습니다. 2015년에 예정원교회교육연구원이 본격적으로 활동에 들어가면서부터 어린이 교리교육을 교육학적 관점에서 연구하기 시작하였습니다. 성경은 이야기라는 형식으로 말씀의 진리(교리)를 선포합니다. 어린이는 성경의 진리(교리)를 스토리텔링과 감각적인 교구로 작업하는 총체적인 경험을 동해 인식합니다. 이렇게 인식된 진리(교리)는 어린이를 진징한 에배자로 만들어 제자로서의 삶을 살 수 있도록 준비합니다. 이것이 예정원 교리교육의 핵심입니다.

연구원에서는 장로교 표준문서의 하나인 웨스트민스터 소요리문답이 어린이와 청소년들에게 성경을 체계적이며 논리적으로 교리를 교육시키기 위해 구성되었음을 보고, 소요리문답 107문항을 같은 주제로 그룹화했습니다. 그룹화 된 소요리문답을 핵심적으로 보여주는 성경의 이야기를 추출하여 앨범 페이지, 교리찬양, Art Material(지, 정, 의로 구성된 교리활동)을 구성하였습니다. 그리고 각 스토리에 맞도록 교리교구들을 제작했습니다. 이번에 흙으로 교구를 제작한 것은 여러 이유들을 고려해 만들게 되었습니다. 그래서 이 책은 예정원 어린이 교리교육의 이론과 실제를 다루는 첫 번째 책으로 앞으로 3권이 더 나올 것입니다. 또한 각 성경 이야기에 대한 스토리북도 발간될 예정입니다. 책의 구성은 1부에서는 교리교육의 필요성과 예정원 교리교육의 특징, 구성에 대한 이론을 다루고 있습니다. 2부에서는 예정원 어린이 교리교육의 실제에 해당되는 부분으로 앨범 페이지, 찬양, Art Material을 다루고 있습니다.

예정원 어린이 교리교육은 수 많은 사람의 기도와 노력의 결실입니다. 시간과 노력을 들여 예정원 교리교육을 연구한 연구원들에게 감사합니다. 이들의 수고와 헌신을 통해 하나님께서 한국교회의 다음세대를 살리는데 귀한 역할을 감당하게 할 것입니다. 기꺼이 추천사를 써주신 기독교유아교육의 멘토이자 스승이신 정희영 교수님께 감사합니다. 교수님을 통해 연구원이 나갈 기독교 유아교육의 방향성과 기반을 다지게 되었습니다. 어려운 상황에서도 교구를 디자인하고 만드는데 힘을 쏟으신 샘터조형의 박요한 선생님께 감사합니다. 흙이 선생님의 손을 통해 성경의 이야기를 보여주는 교구로 만들어졌습니다. 바쁘신 가운데서도 교리찬양을 작곡해 주신 박용윤 교수님, 예정원 사역을 오랫동안 함께하시는 도봉중앙교회 송정섭 목사님께도 감사 드립니다. 예정원 교회와 예정원 사역자들에게 감사합니다. 같은 소명과 사명으로 한곳을 바라보는 교회 공동체와 동역자가 있다는 것은 큰 힘이 됩니다. 이들의 수고와 헌신으로 어린이 선교 사역이 외롭지 않습니다. 무엇보다도 예정원 어린이 교리교육 과정이 나오게 된 것은 하나님의 은혜로 되어졌습니다. 하나님이 시작하셨으므로 하나님께서 끝내실 줄로 압니다. 모든 영광은 하나님께 있습니다. 그분만이 온전히 찬양 받기에 합당하십니다. 모든 영광을 하나님께

2016년 8월 8일

저자들을 대표하며 이정규 목사 올림

제1부 예정원 어린이 교리교육 이론

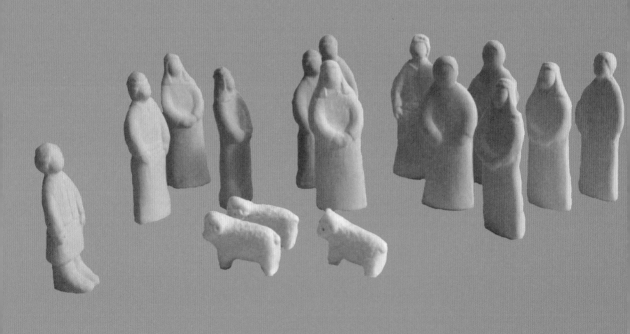

1. 어린이 교리교육의 필요성

한국 교회는 90년대 중반을 기점으로 성장률이 둔화되면서 쇠퇴기에 접어들었다는 말을 듣고 있다. 기독교 미래학자는 현재 800만이 조금 넘는 한국 개신교 기독교인 수가 2030년에는 300~400만으로 줄어들 것으로 예측하고 있다. 더욱이 미래의 교회를 책임질 주일학교 아동 수는 지난 10년간 각 교단마다 1만 명 이상씩 줄어들고 있다. 또한 한국의 인구 출생률은 2013년 인구 천 명당 8.6명으로 합계 출산율이 1.24명(통계청, 2015)으로 초 저 출산의 기준인 1.30보다 더 낮아 이미 초 저 출산 국가로 접어들었다.

이러한 현상 속에서 기독교계의 양적 부흥을 꾀하기란 가능성이 매우 희박하다. 따라서 기독교가 다시 부흥의 돌파구를 찾아야 하는 것은 양적 성장이 아닌 질적 성장에 있다. 질적 성장은 성인 그리스도인에게 이루어져야 할 부분이지만 특히 미래 한국 교회의 주역인 어린이들을 든든한 믿음의 다음세대로 자라도록 바른 신앙교육이 필요함을 의미한다. 그럼 올바른 신앙교육을 어떻게 행할 것인가? 질문의 해답은 교회가 소홀히 하였던 교리교육을 통해 찾을 수 있다.

개혁주의는 16~17세기 유럽에서 로마 가톨릭 교회의 쇄신을 요구하며 등장했던 개혁운동으로 루터와 칼빈과 같은 종교개혁자들에 의해 '늘 새롭게 고쳐나간다'는 정신으로 종교 개혁 사상을 말한다. 성경을 원칙과 원리로 받아들여 바르지 못한 것을 늘 개혁해 나가며, 하나님 앞에 바로 설 수 있도록 하는 종교개혁 사상으로 하나님 중심, 성경 중심, 오직 믿음을 강조한다(교회용어사전, 2016). 이러한 개혁주의 교회의 표준문서에는 웨스트민스터 신앙고백서, 대요리, 소요리문답으로 불리는 고유의 신조(Creed)를 갖고 있다(위키 백과, 2016).

예정원에서의 어린이 교리교육은 칼빈의 개혁주의 전통과 종교개혁자들의 신앙과 신학을 계승한 웨스트민스터 신앙고백서와 소요리 문답을 중심으로 이루어진다. 왜냐하면 기독교 개신교 교파(장로교, 침례교, 감리교, 성결교 등)들이 종교개혁을 배경으로 출발하는 개혁주의를 따르기 때문이다(교회용어사전, 2016). 신학은 교리를 세상 속에 존재하는 다양한 사상과의 관계 속에서 신앙의 위치와 진리를 확보하고 유지하기 위해 진리를 추구해 나가는 학문적 원칙으로 사용되고 있다(고원석, 2015). 따라서 기독교 개신교의 신학과 신앙을 바로 세우고 튼튼히 하기 위해서는 개혁주의 신학에 근거한 교리교육이 필요하다.

이에 예정원은 어린이들의 신앙교육을 위해 개혁주의에 근거한『요리문답』을 통해 교육적 측면을 강조한 웨스트민스터『소요리문답』의 교리교육을 제안한다. 소요리문답을 통한 '교리교육'은 성경의 포괄적인 체계와 핵심을 가르치는 교육으로 세상 속에서 그리스도인이 어떻게 삶을 영위하는 지에 대한 가르침이자 신앙의 윤리를 의미하기 때문이다(정일웅, 1990).

개혁주의 교리는 그리스도를 동하여 나타난 구원 계시의 교리로 성경 내용의 총체를 의미한다. 이것은 교회의 근거와 바탕이 되며 디모데후서 3장 15-17절에 나타나는 성경교육의 목적과도 부합한다. 개혁주의 교리교육은 그리스도에 대한 믿음으로 말미암아 구원에 이르는 지혜가 있게 한다는 인식에 대한 교육으로 온전한 그리스도인으로 자라도록 훈련시키며 깨우치게 하는 올바른 삶에 대한 교육이다. 삶 속에서 선한 행위를 실천할 수 있도록 하는 교육이다. 그래서 학습자로 분별하는 능력을 얻게 하고 자신이 믿는 기독교 진리에 대한 변증 능력을 길러 하나님의 영광을 위해 사는 자로 만들어 준다(정일웅, 1988). 이러한 교리교육은 올바른 신앙의 초석을 다지는 동시에 신앙의 진보를 이끈다.

따라서 절대적 진리, 도덕적 윤리의 기준과 가치관이 무너지는 현대의 포스트모더니즘 시대를 살고 있는 어린이들에게 교리교육은 믿음의 도리가 무엇이며 어떻게 세대와 구별된 삶을 살아야 하는지를 가르쳐 믿음을 견고히 할 수 있다. 또한 교리교육은 언어발달이 이루어지는 유아기부터 가능하다. 비록 유아들이 구체적이고 추상적인 사고를 못한다고 이들이 성경의 진리를 알 수 없다고 말할 수 없다. 이는 성경 말씀, 종교개혁자들의 주장, 유아의 종교적 사고에 대한 학자들의 연구를 통해서도 알 수 있다.

마가복음 10장 15절은 하나님의 나라를 어린 아이와 같이 받들지 않는 자는 결단코 그 곳에 들어가지 못한다고 말한다. 이는 어린 아이가 하나님의 나라를 알고 받아들일 수 있다는 것을 의미한다. 그리고 은혜 언약에 근거한 신앙의 전수를 책임지고 있는 가정의 부모들은 자녀를 어려서부터 신앙교육을 시켜야 한다(신명기 6장). 종교개혁자 칼빈은 '종교적 씨앗'이라고 부르는 하나님 의식에 대해 인간은 태어날 때부터 하나님을 아는 지식이 심겨져 있다고 보았다. Elkind(1979)는 종교심 발생 시기를 대상 연속성이 생기는 2세 경으로 봄으로 유아들도 신에 대한 개념을 가질 수 있다고 보았으며, Day(1975)는 유아의 종교심이 환경적 조건에 영향을 받는다고 말하면서 부모와 초기 환경의 중요성을 말한다. 이는 유아기 때 종교적인 환경 안에서 직, 간접적인 신앙교육을 받으면 유아들에게 신앙심이 생길 수 있음을 의미한다. 따라서 교리교육은 유아기 때부터 가능하며 그들의 발달 수준에 맞게 교육이 이루어져야 한다. 중요한 것은 진리를 깨닫게 해 주시는 성령님이 함께하면 어린이도 하나님을 만나 진리를 깨닫고 경외하는 마음을 가질 수 있다. 따라서 교회 공동체의 한 구성원인 어린이도 교리교육을 통해 그리스도인으로 신앙의 일치와 공동체의 신조를 굳건히 세워 하나님의 영광을 드러내는 신앙인으로 자라나야 한다.

2. 기독교 교리교육의 동향

현대사회는 고도의 과학기술과 함께 모든 것을 상대화, 파편화하는 포스트모더니즘의 사상체계가 그 기반을 이루고 있다. 이러한 사회적, 문화적 조류의 한 가운데 현대교회가 있으며 그러한 흐름의 영향을 받은 것이 현대교회 안에서의 신앙고백과 교리에 대한 경시풍조이다. 현대교회에서 신앙고백과 교리를 경시하는 문화적 요인에는 과거의 가치를 인정하지 않는 과학기술의 진보, 물질과 소유에 가치를 부여하는 소비지상주의(Consumerism), 실용주의와 신비주의의 대두, 반권위주의적인 태도가 기독교의 신앙고백과 교리에 대해 부정적 요인으로 작용하고 있다(Trueman, 2015).

그러나 교리는 기독교 진리의 핵심으로 기독교의 생명이며 신앙의 핵심 내용이 된다. 교리는 성경 계시의 근본적인 내용을 신앙 고백적으로 표현한 것이며 기독교 존립의 필수조건이다(서철원, 2006). 교리는 성경이 증거하는 기독교 신앙의 내용과 진리에 기초한 신앙적 삶의 표준과 지침으로 교회 역사를 통해 오랜 기간에 걸쳐 검증된 교회가 공인한 진리에 대한 논리적 진술이다(임대진, 2014). 기독교 교리는 성경에서 유래되어 교회에 의해 정의되고 하나님의 권위에 근거하여 선언된 가르침(doctrine)이다(Berkhof, 2008). 이와 같이 교리는 교회에 없어서는 안 되는 기독교 신앙의 뼈대이며 기초가 된다.

기독교 교리는 성경에 근원과 기초를 두는 성경 주석적인 특징, 교리가 성령의 도구로 사용된다는 성령론적 특징, 교회 공동체적인 권위를 가진다는 점에서 교회론적 특징, 경건한 신앙과 삶에 영향을 준다는 의미에서 종말론적인 특징을 가진다(최윤배, 2014). 이러한 기독교 신앙고백과 교리는 신앙에 있어서 진리의 표준과 함께 신앙인 삶의 기준을 제시해 주는 공인된 가르침이다. 이에 현대와 같이 모든 것을 상대화하는 시대에서 교리에 대한 관점을 명확히 하고 관심을 가지며 온전한 교리교육을 실시하는 것은 한국교회의 정체성을 확고히 한다는 의미에서 미래를 준비하는 중요한 사역이 된다.

그리고 실제적인 교리교육에 앞서 교리교육에 대한 동향을 분석해 볼 필요가 있다. 이는 과거 교리교육 연구를 통해 개신교 한국교회가 교리교육을 어떤 방향과 방법으로 적용할 것인가에 대한 시사점을 얻을 수 있기 때문이다. 따라서 교리교육 동향 분석을 통해 기독교 교리 연구와 교육이 현재 개신교에서 어떻게 진행되고 있는지를 시기, 내용, 방법, 대상의 비교를 통해 알아보는 것이 필요하다. 이렇게 살펴본 동향은 기독교 교리교육 연구의 현재 상태를 파악하여 앞으로 기독교 교리교육 연구와 교육에 대한 방향제시와 교리교육을 위한 기초자료로서 중요한 활용서가 될 것이다.

1) 연구시기에 따른 교리교육 연구동향

그래프에서 보는 바와 같이 교리교육에 관한 학위논문과 학술지 논문은 2000년도 이후부터 연구가 급증하고 있다. 이는 전체 학위논문 중 2000년 이전의 논문이 14.1%, 2000년 이후의 연구 논문이 85.9%에 해당하는 것으로 2000년도를 기점으로 약 6배가 넘는 증가를 보이고 있다. 학술지 논문은 학위논문에 비해 1980년대 이후 지속적으로 꾸준히 연구되어진 것으로 나타나 이 또한 2006년 이전과 이후의 연구 논문 수에서 상당한 차이를 보인다. 2005년까지 총 19편의 연구가 이루어졌으며 2006년 이후부터 지금까지 급속히 증가하여 총 71편의 연구가 이루어져 거의 4배에 달한다.

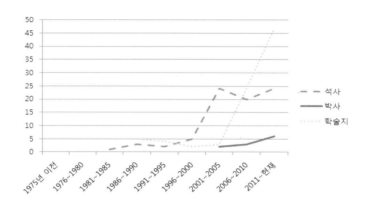

[그림2-1] 연구시기에 따른 동향분석

2) 연구내용에 따른 교리교육 연구동향

학위논문과 학술지 논문의 연구내용을 살펴보면 먼저 기초연구와 실천연구가 차이를 보인다. 이론에 해당하는 기초연구에 대한 연구논문은 전체 논문(182편)에서 총 135편으로 74.2%를 차지하고 있으며 실천연구에 대한 연구논문은 총 47편으로 25.8%에 그치고 있다. 학위논문과 학술지 논문 모두 1986년 이후에 실천연구에 해당하는 연구 내용들이 연구되어지기 시작하였으며 학회지 논문 중 기초연구에 대한 논문이 2005년 이후부터 눈에 띄게 급증하였다.

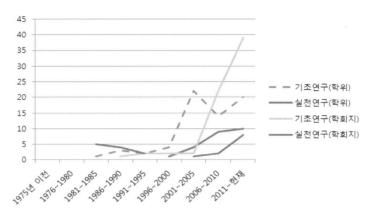

[그림2-2] 연구 내용에 따른 동향분석

3) 연구방법에 대한 교리교육 연구동향

연구방법에 있어서 양적 연구는 전체 182편 중에서 5편으로 2.8%, 질적 연구는 0편으로 0%, 문헌연구는 177편으로 97.2%, 혼합연구는 0편으로 0%를 차지하였다. 2000년도에 들어오면서 문헌연구가 폭발적으로 증가하였고 2000년도 후반부터는 양적 연구도 시작되었다. 2016년도 현재까지 질적 연구와 혼합연구에 대한 연구는 하나도 없는 상태로 문헌연구와 비교해 볼 때 상대적으로 연구되지 않았다.

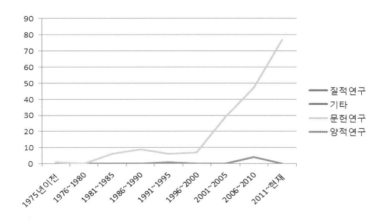

[그림2-3] 연구방법에 따른 동향분석

4) 연구대상에 대한 교리교육 연구동향

교리교육 관련 연구 대상에 따른 동향을 살펴보면 물적 대상이 162편(89.0%), 인적 대상이 19편(10.4%), 기타 1편(0.6%)으로 나타났다. 전체논문 182편에서 물적 대상으로 연구한 논문이 162편(89.0%)으로 가장 많았으며 이중에서 문헌을 대상으로 한 문헌연구가 152편(83.5%)으로 가장 많이 나타났다. 이상을 그래프로 나타내면 다음과 같다.

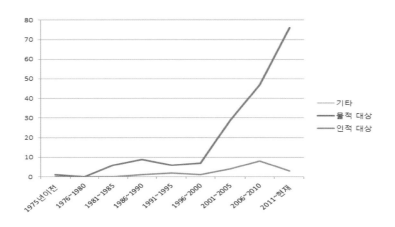

[그림2-4] 연구대상에 따른 동향분석

5) 기독교 교리교육이 나아갈 방향

(1) 진리 수호를 위한 교리교육

연구시기에 따른 교리교육 동향을 보면 2000년대 이후부터 현재까지의 연구 논문은 전체 연구 논문 중 84%를 차지한다. 이는 밀레니엄에 대한 기대와 위기의식에 대한 발로에서 교계가 신앙의 기본이 되는 교리교육에 대한 자각에 의한 것으로 보인다. 1990년대 이후 지구 종말을 예언하는 시한부 종말론 자들이 극성을 부리고 2000년에 들어와서 종교의 다양성을 권리로 내세우며 사이비와 이단 집단들이 친 사회적인 성향을 보이며 스며들었다(한겨레 21, 2007). 한국 교회에서 사이비와 이단들이 득세하는 원인은 교인들이 교리에 취약하다는 것이다. 최삼경(1994)은 한국교회는 교리연구를 통해 교리를 교회교육에 적용하는 노력이 필요하다고 주장한다. 신천지가 매해 30% 급성장을 보이며 2013년에 대해 2014년 1년 사이에 신도수가 전국 평균 16.1% 증가하였다(기독신문, 2015). 이에 반해 해방 이후 성장일로를 달리던 개신교는 1990년대 후반부터 계속적인 감소 추세를 보이고 있다(뉴스천지, 2011).

이러한 현상에 대한 대응책과 쇄신을 위해 교회는 기독교 신앙의 핵심이며 기초인 교리를 잘못된 사상이나 교육에서 교회를 보호하는 강력한 수단으로 인식하게 된 것이다.

(2) 현장적용을 위한 실제적 교리교육

연구내용의 분석에 따르면 전체 논문 중 이론 연구에 해당하는 기초 연구가 135편(74.2%)에 해당하고 실천연구는 47편(25.8%)으로 기초 연구에 많이 치중되어 있음을 알 수 있다. 이론 연구의 지속적인 증가 추세에서 실천연구가 나오기 시작하면서 2000년에는 실천 연구도 서서히 증가함을 보여준다. 이는 이론연구가 활성화되면서 현장과 연계된 교리교육의 실천적 적용에 대한 모색이 이루어지고 있음을 알 수 있다. 특이한 점은 1985년부터 1995년까지 학술지들이 목회자들에게 교회교육에 대한 각성을 촉구하는 연구 내용들을 특집으로 다루며 집중적으로 연구되었다. 이는 1984년 한국 개신교가 100주년을 맞이하면서 다시금 신앙의 뿌리를 튼튼히 하여 교회 성숙을 이끌기 위한 노력으로 볼 수 있다. 또한 실천연구가 1996년부터 서서히 시작된 것은 앞에서 언급하였듯이 1990년대 이후 이단이 늘면서 실제적인 교리교육을 통해 성도들의 신앙을 견고히 하고자 한 것으로 보인다.

(3) 다양한 방법을 통한 교리교육 접근

방법별로 분석한 결과, 전체 182편에서 문헌연구가 177편으로 97.2%, 양적 연구는 5편으로 2.8%, 혼합연구와 질적 연구는 각각 0편이었다. 현대로 오면서 문헌연구는 지속적으로 증가하고 있지만 양적 연구는 감소하고 있으며 혼합연구와 질적 연구는 하나도 없는 것으로 나타났다. 교리교육에 대한 연구가 이론적 고찰에 치중되어 있으며 실제적으로 교리교육을 현장에 적용하는 실천연구, 질적 연구가 부족함을 보여준다. 이러한 현상은 교회가 교리교육을 행하는 과정에서 방법론적으로 실제적인 적용점을 찾지 못한 결과로 볼 수 있다. 전통적으로 교회의 교리교육은 문답과 암송의 방법으로 실시하였다. 그러나 현대는 상대화와 다양성을 추구하는 포스트모더니즘 시대인 만큼 변하지 않는 성경의 진리(교리)를 적용하는 방법에 있어서는 다양성이 요구된다.

(4) 다양한 매체를 통한 교리교육

연구 대상별로 분석한 결과, 전체 182편에서 물적 대상이 162편(89.0)으로 가장 많았고 인적 대상이 19편(10.4%), 기타가 1편(0.6%)을 차지하였다. 현대로 오면서 교리교육에 대한 연구대상이 문헌을 통한 물적 대상 연구는 증가하고 있지만 피교육자를 대상으로 하는 연구는 감소하고 있다.

한국교회는 외적 성장에 치우쳐 경건한 신앙과 훈련, 삶의 성화를 통한 신앙의 질적 성숙에 소홀해 여러 가지 거짓 교훈과 이단들로 어려움을 겪고 있다(김은수, 2011). 이럴 때일수록 교리교육 영역이 이론적인 탐구와 함께 피교육자를 대상으로 행해져야 한다. 또한 현대 사회의 테크놀로지에 기반을 둔 과학기술의 발달은 필연적으로 뉴미디어, 3D디스플레이, 스마트, 인터넷 혁명, 가상공간, 인공지능의 시대를 열 것이다(최윤식, 2014). 이러한 미래 사회를 예측하여 교회 안에서 다양한 방법과 매체를 통한 교리교육의 방법이 요구된다.

6) 주어진 과제들

(1) 다음세대가 분별의 안목을 가지는 교리교육

포스트모더니즘 시대에 견고한 믿음을 위한 신앙성장과 주일학교의 부흥을 위해 기초부터 점검하고 그 토대를 기반으로 믿음의 견고한 성을 쌓기 위해 교리교육에 대한 연구가 더욱 활성화되어야 한다. 특히 교육, 복지 등 다양한 사회적 기반을 통해 교세를 확장하는 이단이 성장하는 시대에 하나님의 말씀에 근거한 기본적이면서도 성경적 진리를 담고 있는 교리교육은 매우 중요하다. 교리교육을 통해 신앙적 믿음을 굳건히 하고 세대의 거짓된 진리를 분별하는 안목을 키워야 한다. 따라서 2000년부터 개신교에서 교리교육에 대한 연구가 활발하게 이루어지는 경향에 힘입어 앞으로 교리교육 연구는 더 활성화 되어야 한다.

(2) 다양한 발달적 특성과 학습 방법을 고려한 교리교육

많이 이루어진 기초 연구를 기반으로 앞으로 현장에서 실제적인 적용을 통해 교육될 수 있는 교리교육을 위한 학습 방법을 개발해야 한다. 또한 현대의 문명과 교육의 매체를 활용한 교리 학습 방법의 개발 연구가 이루어져야 한다. 교리교육에서 개신교가 이론 연구에 치우쳤다면 이제는 실천연구에 관심을 가지고 현장에 적용된 연구를 할 때이다. 행위로 믿음을 증거 하는 것처럼 이론도 실제적으로 적용되어 효과검증이 될 때 영향력이 발휘된다. 따라서 심도 있는 이론 연구와 아울러 현장에 적용할 수 있는 실천적인 교리교육 연구가 이루어져야 한다. 이러한 교리교육은 연령대의 다양한 발달을 고려하고 미디어 시대를 사는 현대인의 특성을 고려해서 교리교육을 위한 교수학습 방법들을 개발하고 적용해야 한다.

(3) 교회교육의 질적 향상을 위한 교리교육 프로그램 개발

교리교육을 연구함에 있어서 양적, 질적, 문헌연구가 조화와 균형을 유지해야 한다. 이를 위해 교리교육을 교회에 적용할 수 있는 다양한 프로그램들이 개발되어야 한다. 교리는 기독교 신앙의 기초로 성경의 진리를 함축적이며 명확하게 보여주는 교회의 공식적인 신앙고백이요, 믿음과 신앙의 규범이다(김은수, 2011). 교리문답 교육은 교회 전통 안에서 신앙고백으로 인도하는 교육의 방법이었다. 이러한 교리문답 교육을 논리적인 해석과 다양한 방법을 통해 피교육자가 교리를 묵상하고 숙고하도록 함으로 성경 진리에 접근하게 해야 한다(황희상, 2015). 현대의 한국교회를 위해 기독교 진리(교리)를 교회와 다음세대에 적용하기 위한 프로그램이 개발되어 교회교육 현장에서 사용되어야 한다. 교리교육의 현장적용은 다양한 반응과 결과로 나타나 교리교육의 의미와 가치를 연구하는 질적 연구를 활발하게 만들 것이다. 불변하는 성경 진리는 시대적 조류 안에서 다양성을 가지고 적용됨으로 한국교회의 신앙을 회복하는 계기로 만들어야 한다.

(4) 가정과 유아를 위한 교리교육

교리교육의 대상을 다양한 대상으로 확대시켜야 하며 특히 가정과 유아를 위한 교리교육이 필요하다. 가정에서 부모가 먼저 기독교 교리에 대한 깊은 이해와 신앙적 실천을 통해 자녀들에게 본을 보여야 한다. 개혁주의 관점에서 자녀교육의 의무와 책임은 부모에게 있으며 자녀들을 하나님의 말씀으로 양육하고 인도하라는 명령은 부모에게 주어진 것이다(김성수, 2013). 가정은 신앙을 삶의 현장에서 경험을 통해 알아가도록 인도하는 교육현장으로 하나님께서 제정하신 원초적 제도이다(서영준, 2015). 이러한 가정에서 교리교육을 통해 자녀를 하나님의 진리로 양육해야 할 책임이 부모에게 있다. 교회는 부모가 가정에서 교리를 가르칠 수 있도록 돕고 지원해야 한다. 그리스도인 가정이 하나님의 진리(교리)로 바로 세워질 때 우리의 신앙과 믿음이 다음세대에 전수 될 것이다.

(5) 교리를 다음세대에 전하는 방법과 프로그램의 필요

개신교의 교리적 특성을 드러내는 교리교육을 위해 다음세대를 위한 미래 지향적인 교수학습 방법과 프로그램 개발이 요구된다. 가톨릭은 역사적으로 교리문답 교육을 중요시하여 삶의 현장에서 꾸준히 실천해 왔다. 가톨릭에서는 다양한 교리교육 프로그램과 교수방법들이 개발되고 적용되어졌다. 그러나 개신교 한국 교회는 외적 성장에 몰두하고 개 교회적인 부흥추구, 교회 안의 맘몬 숭배, 교단과 총회로부터의 이탈, 메가 처치의 추구 등 영적, 질적 성장에 많은 장애물을 가지고 있다(강영안 외, 2014). 이러한 장애물을 극복하는 중요한 교회적 방안은 교회가 가장 기본적인 말씀의 진리(교리)로 돌아가는 것이다.

한국의 개신교 전통 안에는 믿음의 선조들이 삶의 실천을 통해 진리와 신앙고백을 전수한 체계가 있는데 그것이 다양한 신앙고백서와 교리문답서들이다. 위대한 종교개혁자인 존 칼빈, 마틴 루터도 교리교육을 강조하였고 직접 교리를 가르치기 위해 교리문답서들을 만들었다(오상원, 2013). 한국의 개신교 교회는 믿음의 선조와 선배들이 성경의 진리를 훌륭하게 체계화시킨 교리를 자라나는 다음세대에 부지런히 가르칠 의무가 있다. 개신교 전통의 교리적 특성을 나타내면서 다양한 대상들에게 적용할 교리교육의 프로그램과 교수방법이 개발되어야 한다. 이러한 개신교의 교리교육에 대한 연구와 교육적 실천은 미래 한국교회를 영적으로 강하고 건강한 교회로 세워 나갈 것이다.

3. 예정원 어린이 교리교육의 배경

1) 몬테소리 종교교육

몬테소리 종교교육이 시작된 배경에는 가톨릭 종교교육이 있다. 그녀의 종교교육은 바로셀로나의 가톨릭 신부에 의해 처음 실시되었다. 몬테소리 종교교육은 몬테소리 방법을 어린이에게 적용하여 가톨릭교회 안으로 어린이들을 인도하는 것이 교육 목적이었다. 그녀는 그리스도의 생애에 따른 전례력, 성찬 예식, 미사에 대한 준비 등 가톨릭교회의 예전과 전례에 맞추어 종교교육을 실시하였고 자신의 방법으로 가톨릭 종교교육을 유럽에 알리는 계기가 되었다. 가톨릭 히브리어 언어학자인 소피아 까발레띠는 1954년경에 몬테소리 제자인 지안나 가비(Gianna Gobbi)를 만나 몬테소리 사상을 접하고 나서 몬테소리 교육원리와 종교교육, 어린이 교리교육에 대해 많은 영향을 받았다(유선희, 2009). 1954년에 까발레띠(S. Cavalletti)는 몬테소리 가톨릭 종교교육을 "선한목자 교리문답(Catechesis of Good Shepherd)"이라는 이름으로 아트리움에서 시작하여 이를 바탕으로『어린이의 종교적 잠재능력』등 다수의 책을 저술했다.

이들의 공통적인 종교교육적 특징은 교리교육을 위한 특별한 공간의 창조, 영적 본질에 대한 추구, 고요하고 느린 진행, 예배와 예전, 직접적인 경험과 체험, 경외감과 경이감, 몬테소리 교육철학의 공유, 감각적이고 직접적인 종교적 교구 사용, 기도와 침묵의 중요성을 강조한다(정정미, 2010). 몬테소리, 까발레띠는 어린이의 종교성과 교리교육에 대한 공통적인 교육원리와 사상을 공유하여 발전적으로 교육과정을 계승하고 있다.

몬테소리와 까발레띠의 가톨릭 교리교육은 유아교육적 방법을 통해 교리교육을 접근하고 있는데 의의가 있다. 가톨릭의 전통적인 교리교육에서 탈피해 유아와 어린이의 발달을 고려한 감각적인 교구, 스토리텔링을 통한 제시, 유아에게 적합한 종교적 환경에서의 교육은 현대 유아교육의 방법을 통해 교리교육을 접근한 것이다. 몬테소리와 까발레띠의 교리교육은 유아교육학적 방법론을 통해 교리교육을 접근하고 있는 영역에서 개신교의 어린이 교리교육을 교육적 관점에서 접근하는데 도움을 준다. 현대교육이 어린이에게서 발견한 원리와 발달 법칙은 일반은총적 차원에서 하나님이 어린이에게 부여한 영역이기 때문이다. 그래서 예정원 어린이 교리교육은 개신교 교회의 전통적인 교리암송을 통한 문답교육과 함께 어린이 발달과 현대 유아교육에서 발견한 교육학적 원리와 방법을 통해 접근한다. 즉, 몬테소리가 발견한 교육학적 방법론을 통해 개신교 교리교육을 접근하려는 것이다. 그럼 몬테소리 교리교육의 역사적 흐름과 교육적 방법론은 어떻게 발전했는지를 알아야 한다. 여기서는 몬테소리 교리교육의 배경을 개관하려 한다.

2) 몬테소리 종교교육과 교리교육

몬테소리는 종교교육 안에서 어린이 교리교육을 실시하였다. 그녀는 종교교육 방법을 통해 가톨릭 어린이 교리교육을 실천하였다. 그래서 그녀의 교리교육은 어린이들을 가톨릭교회로 인도하기 위해 아트리움에서 실시한 몬테소리 종교교육의 내용과 방법을 통해 알 수 있다. 몬테소리가 아트리움에서 실천한 종교교육의 내용과 방법은 그리스도 중심의 전례교육, 성례와 미사, 교리문답교육, 침묵교육 등이다. 몬테소리는 일반적인 교육과 구별하기 위해 아트리움(Atrium)이라는 별도의 공간을 준비하였으며 유아들은 여기서 그리스도의 삶과 인격을 중심으로 모든 종교적 활동과 작업을 통한 성경역사, 교회역사, 성자들의 삶과 성례를 포함한 종교교육을 실시하였다(Standing, 1965).

몬테소리의 전례를 통한 종교교육 방법은 그녀의 전례의 이해에서 출발한다. 전례는 1년에 해당하는 교회 달력으로 교회의 1년 생활주기를 예수 그리스도의 삶과 생애를 중심으로 생활하도록 만든 달력이다. 그녀는 전례력이 어린이들이 종교적인 삶과 생활을 실천에 옮길 수 있는 가장 적절한 방법이라고 말한다. 전례 주년은 11월 말과 12월 초에 시작하고 시기는 성탄, 사순, 부활시기로 구분한다. 성탄과 사순 시기 사이, 성령 강림 후 대림 1주일까지를 연중시기라고 한다. 몬테소리는 유아들이 생활하는 시간 속에서 은총을 인식하도록 전례의 내용과 말씀의 의미가 무엇인지를 가르쳐 전례력의 정신에 따라 살기를 원했다. 그녀는 전례교육이 가톨릭교회의 교육학적 방법으로 모든 신앙의 내용을 적절하게 표현하는 것으로 종교적 상징과 사실을 소개하는 것이라 주장한다. 그녀는 이러한 상징과 사실을 근거로 우리가 어떻게 생활하고 살아가는가에 대한 역할을 배운다고 말한다(조성자, 1996).

또한 몬테소리의 종교교육 방법에는 성례와 미사가 있다. 그녀가 아트리움에서 실제 어린이의 삶과 경험을 통해 종교교육을 접근하는 방법으로 사용한 것이 가톨릭교회의 성례와 미사이다. 그녀는 어린이를 위한 미사해설에서 미사는 말씀의 전례와 성찬의 전례가 있으며 말씀의 전례는 사제가 그리스도의 말씀을 강론하고 교육하는 것이며 성찬의 전례는 그리스도의 수난과 희생을 기억하는 것이라고 말한다. 미사의 핵심은 신비로 예수 그리스도의 완전한 희생을 통한 구원을 모든 사람들이 인식하는 것이라고 말한다(Montessori, 1993).

몬테소리는 가톨릭교회의 성례와 미사의 모양 그대로 어린이에게 맞는 모형 제단과 예복, 촛불과 성배 등을 사용하여 교사가 어린이와 같이 아트리움에서 미사와 성례를 거행했다. 그녀는 아트리움 활동에서 미사가 핵심이고 모든 학교의 교과목들도 미사에 초점을 맞추어 제시되어야 한다고 언급한다. 예를 들면, 지질학의 24시간, 낮과 밤의 현상, 계절과 1년의 공전주기는 전례력과 연계하고 역사는 성경과 그리스도 중심의 역사관으로 예술은 가톨릭 예술과 관련하여 제시되어야 한다고 말한다(Standing, 1965).

몬테소리는 아트리움에서의 수업을 하나님을 어린이들에게 실제적이고 개인적인 존재로 경험하게 하는 것이라고 말한다. 어린이들은 기본적이며 단순한 것들에 반응하는데 거기에는 교리도 포함된다. 그녀는 어린이들은 교리를 좋아하고 많은 양의 교리를 이해한다고 말한다. 어린이들은 사도신경을 좋아하고 신경을 심사 숙고하여 말할 줄 안다고 주장한다. 몬테소리의 종교교육은 어린이들이 감각적이고 경험적인 종교교구들을 통해 가톨릭 교리를 성경의 내용, 전례, 성례, 미사, 침묵을 통해 경험하고 인식하는데 중점을 두었다. 이것을 그림으로 표현하면 다음과 같다.

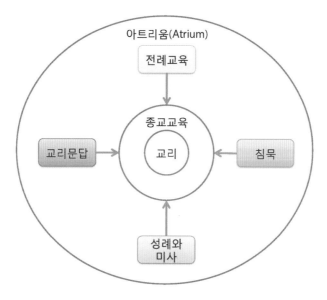

[그림3-1] 몬테소리 종교교육과 교리와의 관계성

3) 소피아 까발레띠의 선한목자 교리문답

소피아 까발레띠(Sofia Cavalletti, 1917-2011)는 가톨릭 히브리어 언어학자이자 몬테소리 종교교육의 계승자이다. 그녀는 가톨릭 학자 유제니오 졸리(Eugenio Zolli, 1881-1956)와 마리아 몬테소리(Maria Montessori, 1870-1952)에게 영향을 받았다. 졸리(Zolli)는 2차 세계대전 동안 로마의 유대교 랍비 회장이었다가 1945년에 가톨릭으로 개종하였다. 졸리는 1954년에 『Before the Dawn』이라는 자서전을 통해 알려진다(Tina Lillig, 1998). 까발레띠는 졸리에게 히브리어 성경, 유대교와 기독교의 관계성에 깊은 영향을 받아 히브리어 전공으로 학위를 받고 연구와 책들을 저술한다. 까발레띠는 몬테소리 교육원리를 Gianna Gobbi를 통해 접하면서 유아들을 대상으로 한 가톨릭 종교교육에 관심을 가진다. 까발레띠는 성경과 몬테소리 교육원리를 접목시킨 가톨릭 어린이 교리교육 과정인 '선한목자 교리문답(The Catechesis of the Good Shepherd)'을 개발하여 적용한다. 선한목자라는 단어는 그녀의 종교교육을 실시하는 아트리움의 핵심적 제시인 선한목자 비유에서 나왔으며 교리문답은 그리스도 중심의 구속사역을 강조하는 예전적 교리문답의 형식에서 비롯되었다. 그녀의 종교교육은 1957년에 국제 몬테소리 회의에 초청되는 것을 계기로 몬테소리 교육원리에 기초한 종교교육으로 알려지게 된다. 1963년에는 '어린이 종교교육을 위한 마리아 몬테소리 협회'라는 조직이 창설되어 몬테소리 교육원리에 기초한 종교교육을 보급한다. 그녀는 『어린이의 종교적 잠재능력』을 통해 몬테소리 교육원리를 통해 아트리움에서 적용한 종교교육에 대한 관찰과 실험 연구를 통해 유아들에게 종교적 민감성과 잠재능력이 있음을 주장한다. 까발레띠는 그 후에 6-12세를 위한 종교교육 과정도 개발하여 적용하였다(유선희, 2009).

까발레띠는 어린이가 생득적으로 종교적 잠재능력을 가지고 태어난다고 보고 있다. 즉, 자연발생적인 종교심을 어린이는 가지고 있으며 이러한 종교의식은 가르침을 통해서 받은 것이 아니라 본능적으로 어린이 내부에 잠재되어 있다. 까발레띠는 로마에서 카타케즘 센터를 운영하면서 마리아 몬테소리의 종교교육을 가톨릭 사상에 입각하여 교리교육을 실시한다. 이곳에서 다양한 어린이의 종교성에 대한 표현을 까발레띠는 관찰하고 연구한다. 까발레띠는 종교성은 특정 어린이에게만 있는 것이 아닌 보편적 현상으로 모든 어린이의 필수적 욕구이며 인간 내면에 보편적으로 내재하고 있어서 다양한 연령대에서 발달하고 개발될 수 있다고 주장한다. 이러한 종교교육은 일상의 경험이 바탕이 된 교육이 아니라 인간의 본성적인 욕구에 응하는 교육이어야 한다(강요안나, 2014). 까발레띠는 1954년에 로마에서 "마리아 몬테소리 카테키즘 센타(Centro de Catechesi Maria Montessori)"를 통해 3-12세 어린이를 대상으로 몬테소리 종교교육을 실시하였다.

여기서 까빌레띠는 여러 주제를 통해 가톨릭 종교교육을 실시하였는데 어린이에게 있는 종교적 안정과 사랑의 욕구 충족을 위해 복음서에서 교육내용을 선택하였다. 교육 내용은 요한복음 10장의 선한 목자의 비유, 예수님의 생애 4가지(탄생, 죽음, 부활, 성령의 은사), 부활의 비밀, 하나님 나라의 비유를 통한 경이로움에 대한 체험, 비유에 대한 개인과 공동 묵상, 가톨릭 교리 등이었다(구경선, 2005). 까빌레띠는 아트리움(Atrium)에서 어린이들이 전례에 대한 기초적 지식, 미사를 통한 말씀, 성찬의 전례를 가르치는 것, 기본적인 도구와 제대의 의미를 어린이가 이해하는 것이 중요하다고 말한다. 또한 이스라엘의 역사, 이미지를 통한 전례력, 종교적 예식 참여, 선한 목자 비유의 의미를 종교교육과 교리교육 방법론으로 사용하였다(조성자, 1996). 까발레띠는 3-4세, 10-11세 유아와 아동을 대상으로 20년 간 교리문답 교육을 그룹대화나 개별화 과정을 통해 어린이에게 실시하였고 종교적, 교리적, 영성적 관점을 관찰하였다. 까발레티는 어린이의 종교적이고 심리적 욕구를 충족시켜 줄 수 있는 내용인 선한목자의 비유(요10장), 예수 그리스도의 탄생, 십자가에서 죽으심, 부활의 신비, 성례식, 하나님 나라의 비유에 대한 영역을 교구를 통해 구체적으로 제시하였다(이진희, 2012).

선한목자 교리문답((The Catechesis of the Good Shepherd) 교육과정은 가톨릭교회 교회력(전례력)에 따라 구성되어 있다. 그리스도 중심의 생애인 성탄, 부활, 오순절 절기를 중심으로 예수 그리스도의 삶과 성경에 나타나는 종교적 상징들을 사용한다. 교육과정은 3단계로 구성되어 있다. 1단계는 3-6세, 2단계는 6-9세, 3단계는 9-12세를 대상으로 한다. 1단계의 3-6세 유아를 대상으로 한 종교교육은 일상의 연습, 제단과 예전을 위한 교구, 교회력에 따른 전례 색상제시, 대림절 성배, 성탄시기에 제시되는 입체적 이스라엘 지도, 메시아 예언, 아기 예수님 이야기, 하나님 나라의 비유, 선한 목자와 잃어버린 양의 비유, 선한 목자의 성만찬적 현존, 최후의 만찬이 제시된다. 부활절에는 빛의 예전의식, 세례와 성만찬을 제시하며 오순절 제시를 한다. 2단계에서는 6-9세 유아를 대상으로 하나님의 나라, 성만찬, 예언된 메시아, 아기 예수와 세례 요한, 여러 가지 비유들, 성례전, 유월절 이야기, 세례 예식, 각 절기에 대한 예전, 하나님의 나라 이야기 등이 있다. 3단계에서는 9-12세 아동을 대상으로 하나님의 나라, 이스라엘의 역사, 성만찬, 세례, 견진, 성유, 성례, 창조, 타락, 홍수, 아브라함과 사라, 출애굽, 비유들, 절기와 유월절을 다룬다(유선희, 2009). 까발레띠는 몬테소리 의 가톨릭 종교교육을 확대 발전시켰으며 가톨릭 교리문답을 몬테소리 교육방법론인 감각적인 교구를 통해 실시하였다. 또한 조직과 체계를 갖추고 가톨릭 교회 안으로 어린이를 인도하고 정착시키는데 큰 역할을 하였다. 까발레띠의 교리문답 교육의 과정과 단계를 그림으로 나타내면 다음과 같다.

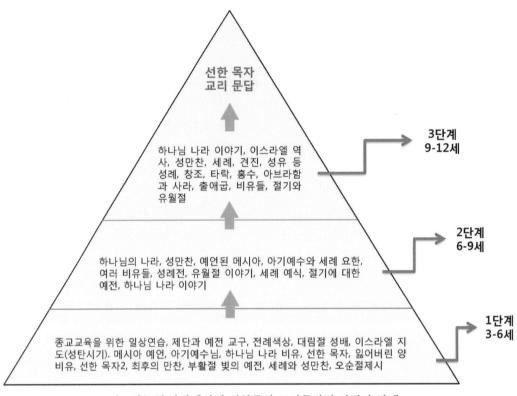

선한 목자
교리 문답

하나님 나라 이야기, 이스라엘 역
사, 성만찬, 세례, 견진, 성유 등
성례, 창조, 타락, 홍수, 아브라함
과 사라, 출애굽, 비유들, 절기와
유월절

3단계
9-12세

하나님의 나라, 성만찬, 예언된 메시아, 아기예수와 세례 요한,
여러 비유들, 성례전, 유월절 이야기, 세례 예식, 절기에 대한
예전, 하나님 나라 이야기

2단계
6-9세

종교교육을 위한 일상연습, 제단과 예전 교구, 전례색상, 대림절 성배, 이스라엘 지
도(성탄시기), 메시아 예언, 아기예수님, 하나님 나라 비유, 선한 목자, 잃어버린 양
비유, 선한 목자2, 최후의 만찬, 부활절 빛의 예전, 세례와 성만찬, 오순절제시

1단계
3-6세

[그림3-2] 까발레띠의 선한목자 교리문답의 과정과 단계

4) 개혁주의 소요리문답에 근거한 예정원 교리교육

웨스트민스터 소요리문답은 1600년대에 만들어진 장로교회의 표준문서 중 하나이다. 소요
리문답 1-107문답은 어린이와 청소년들의 신앙교육을 위해 만들어졌다. 성경 전체를 포괄
적이고 논리적으로 다루면서 신학적인 다양한 주제들을 문답식으로 묻고 답하면서 어린이
들에게 말씀의 체계를 주제별로 보여준다. 이러한 소요리문답을 교회에서 가르쳤던 전통의
방식은 묻고 답하는 암송식 교육이었다. 교리문답 교육으로 개신교의 종교개혁은 전해졌고
보급되었다. 존 머리는 교리문답 교육을 수호한 곳에는 종교개혁의 최고 열매들이 잘 보존
되어 전수되었다고 말한다. 백스터도 종교개혁이 살아 남을 수 있었던 주된 요인 중 하나는
교리문답 교육이었다고 증거한다(Dyken, 2010). 교리는 개신교 기독교회 신앙의 핵심이며
뿌리가 되고 자라나는 다음세대에 꼭 전수해야 할 믿음의 유산이다.

또한 소요리문답은 전통적으로 모든 장로교회에서 세례를 받을 때 신앙과 믿음을 점검하는
체계로 확고한 신앙을 가지고 있는지를 확인하는 시금석과 같은 역할을 해 왔다. 존슨(2013)

은 소요리문답을 교리교육의 꽃으로 소개하면서 소요리문답의 탁월성을 자녀를 복음으로 인도하여 기독교 신학을 논리적이며 알기 쉽게 설명하고 있으며 간결하면서도 명확한 개념 정의를 통해 개념적 사고를 돕는 지적인 틀을 제공함으로 말씀의 이해를 돕는 문답형식의 탁월한 교수법이라고 주장한다. 또한 소요리문답은 오랜 세월의 검증을 거쳐 오면서 신학적으로 안정된 틀을 가지고 있어서 신앙전수를 위한 탁월한 도구라고 말한다.

그러나 현대에 들어오면서 교회 안에서는 이러한 보물과 같은 기독교 교리를 경시하는 풍조가 생겨났다. 다양한 원인이 있겠지만 현대의 세계관과 철학사상, 현대교육 사상과 교회의 교리교육 방법론에서 오는 괴리감, 과거의 가치를 경시하는 현대의 사회 문화적인 요인 등이 작용한 결과라 할 수 있다.

예정원 어린이 교리교육은 이러한 문제를 발견하면서 출발하였다. 교회 안에서의 교리교육 경시풍조는 교회의 기반을 약하게 하며 다음세대에 신앙을 전수하는데 어려움을 가져왔다. 다행히 현대 교회가 교리교육의 중요성을 자각하면서 교리교육에 대한 열의가 생겨나기 시작했다. 그러나 교회 전통의 교리문답교육과 현대교육의 방법론을 어떻게 조화시킬 것인가? 예정원 교리교육은 웨스트민스터 소요리문답 체계에 대한 교회전통의 방법과 어린이의 발달을 고려한 교육방법을 통해 접근한다. 이는 개신교 교회의 교리문답 교육의 전통을 잇는 것이며 다음세대를 적절하게 준비시키는 작업이다. 예정원 교리교육은 2005년부터 시작된 예정원 교육에 근간을 두고 있다. 예정원 교육은 그리스도의 복음을 기독교 유아교육의 핵심으로 삼고 하나님의 형상 회복을 목적으로 몬테소리 교육방법론을 적용하여 다음세대를 하나님의 말씀으로 양육하는 기독교 유아교육 체계이다. 교리 찬양과 예배, 성경교구와 스토리텔링, 묵상질문, 유아의 작업, Art Material을 통한 표현활동이 예정원 교육의 방법이다.

2015년에 예정원 교회교육연구원이 본격적으로 활동에 들어가면서 연구한 것이 어린이 교리교육이다. 어린이에게 기독교 신앙의 핵심인 교리교육을 접근하기가 어렵다는 것을 발견하여 연구하던 중 개혁주의 신학자 Michael Horton의 관점이 예정원 교리교육의 방법론에 적용되었다. 성경의 80%는 이야기로 구성되어 있고 이러한 성경 이야기에는 핵심 교리가 포함되어 있어서 신자가 성경에서 핵심교리를 인식할 때 진정으로 예배자가 되어 제자의 삶을 살아간다는 관점이다. 이런 관점은 예정원 교육 방법론과 많은 부분에서 같은 영역을 공유하고 있음을 발견하였다.

소요리문답에서 같은 의미의 문답을 그룹화하여 묶고 핵심 교리를 보여주는 성경이야기를 추출하여 스토리텔링과 교구를 통해 유아들에게 제시한다. 교리 질문을 통해 유아가 직접 교리교구를 가지고 성경이야기 안으로 들어가 몰입하여 핵심 교리를 경험적으로 인식하게 한다. 인식된 교리는 유아의 마음을 자극하고 감동시켜 하나님을 경외하는 마음을 가지게 함으로 진정한 예배자가 되게 한다. 이렇게 성경 이야기를 통해 경험된 교리를 유아는 창의

직이고 거룩한 상상력을 동원하여 Art Material을 통해 다양한 표현직업을 힘으로 그리스
도를 따르는 제자로서 준비가 된다.

이를 위해 연구원에서는 교리교구, 앨범페이지, 저, 정, 의 관점에서 접근하는 Art Materi-
al 활동, 교리찬양, 교리문답 개요교구, 유아들이 각자 보면서 작업 할 교리 스토리 북이 개
발되고 있다. 또한 각각의 교구는 유아, 초등 저학년, 고학년을 위해 단계에 맞추어 적용할
수 있도록 구성되고 있다. 예정원 교리교육은 어린이를 위한 교리교육 체계이지만 교회 전
체가 교리에 대해 체계적으로 배울 수 있는 기회가 될 수 있다. 교사와 부모가 교리를 알고
삶에 적용해야 어린이들을 가르칠 수 있음으로 목회자나 사역자들은 교사와 부모를 대상으
로 교리교육을 실시해야 한다. 교리를 삶의 경험을 통해 인식한 교사와 부모는 예정원의 교
리교구와 교육방법론을 통해 어린이들에게 교리를 전수시킬 수 있을 것이다. 개혁주의 소요
리문답에 근거한 예정원 교리교육을 그림으로 표현하면 다음과 같다.

[그림3-3] 개혁주의 소요리문답에 근거한 예정원 교리교육

4. 웨스트민스터 신앙고백서와 소요리 문답의 내용

　웨스트민스터 신앙고백서와 소요리 문답은 영국 교회와 국왕, 의회의 치열한 종교적 갈등의 역사적 배경 속에서 탄생하였다. 1643년에 영국 의회가 주교제를 폐지하고 교리, 예배, 권징에 대한 표준 문서를 만들기 위해 런던의 웨스트민스터에서 총회를 열었다. 1643년 7월부터 1649년 2월까지 장로교회 중심의 목사 121명과 상원의원 10명, 하원의원 20명으로 구성된 총회에서 1163회에 걸친 회의를 통해 작성되어 인정된 것이다.

　웨스트민스터 신앙고백서와 소요리문답은 17C 당시 잘못된 신학과 신학적 오류에 대한 분별력을 가지고 영적 무지를 깨닫게 하기 위한 교회 개혁적 차원에서 이루어진 장로교회의 공인된 표준문서이다. 신앙고백서는 장로교인들이 믿는 핵심적인 신앙 내용을 다루고 있으며 소요리문답은 학습 대상이 어린이들과 청소년들에게 교리를 교육시키기 위해 작성된 표준문답서이다. 웨스트민스터 신앙고백서는 하나님의 절대주권과 성경의 절대적 권위를 인정하며 칼빈주의라고 일컬어지는 개혁주의 신학과 신앙을 가장 명확하게 보여주는 교회의 문서이다. 구성은 성경론, 신론, 인간론, 기독론, 구원론, 교회론, 실천신학, 종말론의 내용을 다루고 있으며 총 33장으로 이루어져 있다.

<표4-1> 웨스트민스터 신앙고백서의 구성

교의체계	각 장	교의 내용
성경론	1장	성경 계시
신론	2-5장	삼위일체 하나님, 영원한 작정(예정), 창조, 섭리
인간론	6-7장	타락, 죄, 은혜언약
기독론	8장	중보자 그리스도
구원론	9-18장	자유의지, 부르심, 칭의, 양자, 성화, 신앙, 회개, 선행, 견인, 구원의 확신
교회론과 실천	19-31장	성도의 삶, 예배, 국가, 교회, 성도의 교통, 성례, 교회의 권징과 정치
종말론	32-33장	죽음과 부활, 최후의 심판

웨스트민스터 신앙고백서는 성경에 근거하여 기독교 진리에 대한 내용뿐만 아니라 성도의 삶과 교회 치리에 관한 내용을 함께 다루고 있다. 고백서의 기본 사상은 무오한 성경적 관점에 기초하며 개혁교회의 입장을 대변하고 있다. 성경 전체의 주제를 체계화시킨 신앙고백서로 성경을 체계적이고 포괄적으로 이해할 수 있도록 구성되어 있다. 성경의 권위를 강조하고 삶에의 해석과 적용으로서의 하나님 말씀을 다룬다. 그리고 하나님 영광이라는 하나님 중심적 사고를 기반으로 하나님 중심과 주권을 강조하는 특징을 지닌다.

소요리문답은 웨스트민스터 총회에서 성경대로 하나님을 믿고 바른 예배와 신앙의 지침에 따라 성도들이 살아갈 수 있도록 개혁주의 신앙가들에 의해 제정된 교회 표준서로 성경, 하나님, 인간, 그리스도, 성령, 십계명, 은혜의 수단, 주기도문에 대한 8개 주제를 총 107개의 질문과 답으로 다루고 있다. 내용은 크게 두 부분으로 나뉘어진다. 첫 부분은 1문에서 38문으로 인간 삶의 목적, 성경과 하나님에 대한 교리 체계와 사람이 하나님에 관해 알아야 할 것과 하나님을 어떻게 믿을 것인가에 대한 믿음의 인식을 다룬다. 두 번째 부분은 39문에서 107문까지로 믿음의 의무에 대한 부분으로 십계명, 주기도문, 은혜의 수단과 방편에 대한 해설로 사람이 어떻게 살 것인가의 문제인 실천에 대해 다룬다(김의환, 2003).

웨스트민스터 소요리문답은 1문에서 107문까지 질문과 답의 형식으로 이루어졌는데 이들 각각의 질문들은 독립적인 것이 아니다. 첫 질문을 시작으로 답을 하면 그에 대한 답을 통해 질문을 이끌어내고 다시 답을 요구하는 형식으로 꼬리에 꼬리를 물면서 연결되어 질문과 답이 이루어진다. 인간의 존재됨을 통해 창조주 하나님과 이야기하고 하나님과 인간과의 관계 속에서 죄를 다룸으로 하나님 은혜의 구원 언약과 성취, 그리고 구원받은 자가 구원의 효력을 누릴 방법에 대해서 연결 지어 다루고 있다. 또한 질문에 대한 답의 성경적 근거로 하나님의 말씀을 제시해 주고 있으며 기독교의 핵심 진리를 간단명료하게 가르치도록 구성되어 있는 것이 소요리문답의 특징이다. 다음은 웨스트민스터 소요리문답의 구성을 보여주는 표이다.

<표4-2> 웨스트민스터 소요리문답의 구성

교의 체계	문답	교의 내용
성경론	2-3문	성경
신론	4-6문	하나님과 삼위일체
	7-8문	예정
	8-10문	창조
	11-12문	섭리
인간론	1문	인간의 목적
	13-19문	타락, 죄
	20문	언약
기독론	21-28문	그리스도
구원론	82-84문	자유의지
	29-32문	효과 있는 부르심
	33문	칭의
	34문	양자
	35-36문	성화
	85-86문	구원의 믿음
	87문	회개
	39-107문	신자의 삶
	39-41문	복종할 규칙
	41-82문	십계명
	86-107문	구원의 유익
교회론	89-90문	말씀
	98-100문	기도
	101-107문	주기도문
	91-93문	성례
	94-95문	세례
	96-97문	성찬
종말론	37-38문	부활
	38문	심판

5. 예정원 어린이 교리교육의 특징

  기독교 교리는 성경에 기초한 교회의 기본적인 믿음에 대한 고백의 뿌리이다. 교회가 어린이들에게 교리를 가르치는 것은 다음세대의 교회를 세우는데 중요한 기초를 형성한다. 이러한 의미에서 소요리문답은 어린이들과 청소년들에게 성경의 진리를 포괄적이고 체계적으로 가르치기 위해 작성된 교리문답이다. 소요리문답은 1643년에 웨스트민스터 회의를 통해 만들어진 장로교회의 3대 표준 문서(웨스트민스터 신앙고백서, 대요리문답, 소요리문답)의 하나이다. 소요리문답은 자녀를 복음으로 인도하기 위해 기독교 신학을 알기 쉽게 설명하고 있으며 기독교 교리들의 주제를 논리적이며 일관된 체계로 제시해 주고 있다. 또한 기독교 진리의 개념 정의가 명확하고 간결하여 성경을 포괄적으로 이해하도록 구성되어 있다. 역사적으로 오랜 세월 동안 검증을 거쳐 안정된 틀을 갖추고 있어서 신앙 전수를 위한 탁월한 도구로 인정받고 있다(Johnson, 2013).

  예정원의 어린이 교리교육은 소요리문답을 교구체계, 성경 스토리텔링, 교회전통의 문답식 교육을 통해 접근함으로 유아와 어린이들에게 쉽게 다가갈 수 있도록 구성되었다. 발달과정에 있는 유아는 다양한 감각적 경험과 스토리텔링에 특별한 반응을 보인다. 이것은 유아의 발달과정에 있어서 적합성을 보여준다. 이야기 제시와 실물을 통한 감각적 경험은 구약에서 하나님이 이스라엘 백성들을 인도할 때 사용한 방법이었다(신6:4-9). 예정원 교리교육은 소요리문답 교리를 핵심적으로 보여주는 성경 본문의 이야기를 교구와 함께 유아에게 전달한다. Michael Horton(2012)은 성경의 드라마(이야기)는 핵심적인 교리를 포함하고 있으며 우리가 성경 이야기를 경험함으로 교리를 인식하면 하나님께 대한 경외심으로 예배의식을 가지고 참된 예배를 드리게 되며 제자도의 삶을 실천하며 살게 된다고 주장한다. 모든 성경 이야기는 우리에게 하나님, 인간, 그리스도, 구원, 교회, 종말을 포함하고 있어서 기본적인 기독교의 교리를 보여준다. 다감각적인 교리 교구를 통한 성경 이야기의 반복적 경험과 성찰은 유아와 어린이들에게 이야기 안에 포함된 기독교의 기본적인 진리(교리)를 인식하게 하여 하나님을 경외하는 예배자의 모습을 가지게 된다. 이때 유아가 드리는 예배는 진리(교리)의 인식을 통한 자발적인 예배의 모습을 가지게 된다. 이는 참된 예수 그리스도의 제자로서의 삶을 사는 마음자세와 태도를 가지게 한다.

  예정원에서 기독교의 진리를 인식한 유아는 교리 질문들을 통해 인식하고 깨달은 진리를 다양한 영역에서 표현해 내는 작업으로 나타나야 한다. 이러한 작업은 하나님의 진리(교리)를 인식하고 느끼고 실천적으로 표현하는 과정을 통해 유아의 인격과 하나 되어 진실하게 행동하는 그리스도인 즉, 제자로서의 삶을 살아가도록 만든다. 억눌리지 않고 표현된 이러한 표현작업들은 유아가 그리스도인으로서 인격의 기반을 형성하도록 돕는다(이정규, 2008).

한국교회는 하나님을 바로 알고 참되게 예배하며 그리스도의 제자로서 자신의 삶 속에서 살아가는 다음세대 사람들이 요구된다. 예정원 교리교육은 어린이들이 삶의 경험으로서 하나님의 진리(교리)를 인식하고 말씀에 근거한 삶을 살아가도록 인도할 것이다.

1) 성경 이야기(Bible storytelling)

이야기는 우리 삶의 경험을 다른 사람들에게 보여주는 언어적 표현이다. 이야기는 구술적인 언어로 다양한 사상, 감정, 내면의 의도를 효과적으로 전달하는 수단이다. 우리는 세상과 삶에 대한 의미와 이해를 위해 또는 어떤 중요한 일을 결정하기 위해 이야기에 의존한다. 실제로 철학자, 신학자, 성경학자들의 세계에서 이야기는 세상이 실제로 존재하는 방식에 대해 가장 잘 설명하는 길이라는 인식이 늘어가고 있다. 하나님은 성경 이야기를 통해 다양한 영역의 진리를 드러내 준다. 성경은 세상에 대해 거대한 기본적인 이야기(메타 서사)를 들려주며 우주만물과 인간 세상에 대한 관점을 장엄한 이야기 형식으로 전해준다. 성경은 우리가 하나님의 형상으로 창조된 세계의 절정임을 보여준다. 여러 다양한 이야기 중에 성경은 세상 전체에 대한 참되며 영적인 이야기를 제공한다. 기독교는 성경을 신앙과 삶의 규범으로 삶에 있어 중요한 규칙과 인도하심의 근거로 주장했다. 학자들은 성경을 광대하고 포괄적인 이야기 형식으로 인식한다. 성경이 경험과 생각, 결정과 행동의 토대적 기초가 될 때 우리에게는 권위 있는 하나님의 말씀이 된다(Batholomew & Goheen, 2004).

우리는 하나님의 말씀을 통해 삶 속에서 하나님의 임재를 경험하면 다른 사람에게 전하기를 소망한다. 눈에 보이지 않는 하나님에 대한 인식과 경험은 이야기 형식으로 전달된다. 이야기는 듣는 자로 사건에 현실적으로 참여하게 만들고 화자의 경험을 같이 나눈다. 그래서 이야기는 하나님을 알고 경험한 모든 것을 나누는 중요한 요소가 된다. 특히 성경 이야기는 그리스도인의 정체성을 형성하여 하나님을 경외하는 자리까지 인도한다(이정규, 2008). 우리는 이야기를 통해 삶을 해석하고 진리를 배우기도 하며 삶의 방향이 변하기도 한다. 성경 이야기는 그리스도인에게 여러 상황에 놓여 있는 인물들을 통해 배울 수 있도록 삶을 바라보는 방법을 제공해 준다(Willis Jr & Snowden, 2015).

성경은 수많은 이야기를 통해 점진적인 구속의 드라마를 우리에게 계시해 준다. 성경 이야기는 하나님, 인간, 세상에 대해 우리에게 꼭 필요한 정보를 주며 선한 창조세계에 대해 말한다. 그러나 인간의 타락으로 인한 혼란과 갈등은 세상에서 문제의 근원이 무엇인지를 보여준다. 하나님은 반역한 피조물에게 예수 그리스도의 죽음과 부활을 통해 은혜로 다스리시기를 원하고 그리스도의 구속사역은 그분 공동체의 삶에 놀라운 영향을 준다.

이제 그리스도의 공동체는 주님이 다시 오셔서 완성하실 하나님의 나라를 대망하며 현실의 삶을 충실히 이어나간다(Batholomew & Goheen, 2004). 이것은 성경 구원 역사의 이야기로 예수 그리스도의 구속적 드라마를 보여준다. 구약과 신약 성경에서 보여지는 이야기들은 예수 그리스도의 이야기에 초점이 맞춰져 있다. 이러한 성경 이야기는 그리스도의 구원 드라마를 역사적으로 보여준다. 그 외에도 특별 계시인 성경은 이야기를 통해 다양한 신학적 영역에서 하나님의 계시를 전달한다(하나님, 인간, 그리스도, 구원, 교회, 종말 등). 어린이들은 이러한 성경 이야기를 통해 하나님의 뜻과 계시를 알아 자신들 삶의 영역에서 몰입하고 재현을 통해 적용해 나갈 것이다.

2) 핵심교리(교리)

모든 이야기는 삶의 경험을 드러내 주는데 여기에는 다양한 사상적 흐름과 방향, 관점들을 내포하고 있다. 삶의 경험 이야기는 말하는 사람의 세계관을 보여준다. 화자의 이야기에는 다양한 주제의 세계관과 사상이 포함되어 있다. 또한 이야기의 강조를 위해 사용되는 언어적인 다른 형식의 반복을 통한 이야기 전개는 사상의 흐름과 세계관에 대한 강조가 들어있다. 이러한 부분은 성경 이야기에서도 나타난다. 성경은 성령의 감동으로 쓰인 하나님의 책으로 하나님의 사람들을 의로 교육하기에 유익하다(딤후3:16-17). 성경을 이야기적 관점에서 본다면 성경은 하나님에 대한 사상적 흐름과 세계관을 구약과 신약의 삶을 살아온 사람들의 경험을 이야기로 보여준다. 즉, 성경 이야기에는 하나님 중심의 주권 사상과 기독교 세계관인 진리(교리)가 포함되어 있다. 교리는 기독교의 핵심진리를 드러내 주며 성경적인 세계관을 보여주는 요체이다.

교리는 기독교 신앙의 핵심이며 뿌리이고 성경의 진리 전체를 포괄적으로 다루면서 믿음이 어디를 향하고 있는지 보여주는 지향점이다. 교리는 성경의 진리를 가장 명확하고 체계적으로 제시해 놓은 신앙고백으로 교회가 오랫동안 성경의 진리를 위해 투쟁한 영적 싸움에 대한 승리의 결과이다. 역사적으로 교리가 정립되어 질 때는 잘못된 사상과 가르침의 혼란에서 교회를 하나님의 말씀으로 돌아오게 하고 거짓을 막아낸 시대였다. 교리는 교회를 거짓된 가르침과 유혹에서 벗어나고 견디도록 한 힘의 원동력이었다. 교리는 교회 공동체가 공적으로 진리를 표명한 신앙고백의 표현으로 교회의 믿음과 신앙에 없어서는 안 되는 진리 체계인 것이다.

이러한 교리를 교회는 전통적으로 교리문답 방식으로 어린이들과 청소년들에게 가르쳐왔다. 교리문답은 성경을 주목하게 하고 성경에 대한 흥미를 자극하며 성경 안의 진리를 통합시켜 준다. 교리문답은 성경의 주요 요소와 큰 주제들을 알기 쉽게 윤곽을 잡아주어 성경을 더 균형 있게 이해시켜 준다(Dyken, 2010). 어린 시절은 인격의 80%가 형성되는 시기로 교육학적인 측면에서 중요한 시기이다. 이러한 어린 시절에 하나님의 말씀을 교리로 배우고 이해한다는 것은 평생에 걸쳐 하나님 진리에 영향을 받으며 자란다는 의미이다. 사실 수많은 하나님의 사람들은 어렸을 때 소요리문답으로 교육을 받았고 하나님 말씀을 배운 사람들이었다. 어렸을 때 소요리문답을 배운 경험은 그들이 장년이 되었을 때 믿음의 버팀목이 되어 하나님의 사람으로서 믿음이 성장하도록 한 중요한 요소가 되었다.

예정원 교리교육은 이러한 소요리문답을 기반으로 유아가 성경 이야기 속으로 들어가 기독교의 진리(교리)를 경험하고 인식할 수 있도록 인도한다. 성경 이야기는 진리(교리)를 포함하고 있으며 교구를 통한 성경 스토리텔링은 유아에게 경험적으로 진리를 인식할 수 있도록 도울 수 있다. 교사가 성경 이야기 스토리텔링을 통해 교리교구를 제시하면 유아는 교구를 가지고 직접 성경 이야기를 재구성하는 교구 작업으로 들어가 이야기 안에서 성경 진리(교리)의 인식을 경험하게 된다. 여기서 유아는 자발적으로 이야기와 교구 작업의 반복을 통해 성경의 진리(교리) 안으로 몰입해 들어간다. 이러한 유아의 자발적이고 반복적인 성경 이야기의 경험은 유아가 삶의 경험을 통해 진리(교리)의 인식으로까지 나아간다. 교사는 교리질문을 함으로 유아가 성경 이야기 안에 내재된 진리(교리)에 접근하도록 인도한다. 교리질문은 유아가 성경 이야기 안에서 진리를 발견하는 안내자의 역할을 한다. 이러한 질문은 유아가 말씀을 인격화하여 삶의 표현영역에서 나타내도록 한다. 교사가 교리질문을 할 때는 유아의 일상생활에서 예를 찾아 질문하기를 시작하여 성경이야기의 이해와 핵심적인 교리를 이야기 안에서 유아가 스스로 찾아 발견할 수 있도록 해야 한다(이정규, 2008). 교리질문을 통해 하나님의 진리(교리)를 인식하고 경험한 유아들은 예배자의 자리로 나아가고 그리스도의 제자로서 살아가도록 인도함을 받는다.

3) 예정원 예배(교리예배)

유아가 성경의 진리(교리)를 이야기의 제시와 반복적인 삶의 경험적 재구성을 통해 하나님에 대한 진리(교리)를 인식하면 감탄과 경외의 마음을 가지게 된다. 모든 사람들은 하나님 임재의 경험과 진리를 인식할 때 예배자로서의 마음과 태도를 가진다. 여기에는 어린이들도 포함된다. 성경은 2~3살의 어린 아이들도 하나님께 감사하고 기도하며 찬양을 드릴 수 있다고 말한다(수8:34-35; 대하20:13; 느12:43; 마21:15-16).

예정원의 교리예배는 유아가 성경 이야기 안에서 말씀을 경험하여 거룩한 상상력을 가질 수 있도록 생각을 자극한다. 유아기의 발달적 특징인 집중, 몰입, 반복은 유아를 성경의 진리(교리)로 다가갈 수 있도록 만든다. 유아가 인식하는 성경의 진리는 여러 가지를 동시에 인식하는 것이 아니라 하나의 인식과 경험에 몰입함으로 진리를 경험한다. 유아는 하나의 성경적 진리(교리)를 인식하기 위해 반복적인 작업에 몰입한다. 유아가 직접 교리 교구를 만지고 성경 이야기를 반복적으로 재구성함으로 진리(교리)의 인식은 명확해진다. 유아는 반복적인 경험을 통해 진리를 경험적으로 인식하게 되는 것이다. 유아에게 있어서 반복은 즐거운 일로 명료한 인식에 도달하는 과정이다. 유아의 반복적인 작업은 발달에 있어서 일반적이고 보편적인 원리이다. 또한 스토리텔링을 통한 성경 이야기의 교구적 제시는 유아를 몰입하게 하여 성경 이야기에 포함된 내적 진리(교리)를 알게 한다.

예정원 교리예배에서 말씀 선포는 사역자나 교사가 일정한 예배의 형식 안에서 스토리텔링과 교구를 통해 유아에게 말씀을 제시한다. 제시 후의 교리질문은 유아가 하나님의 진리를 깊이 생각하고 인식할 수 있는 시간적으로 여유로운 공간을 창출한다. 이러한 거룩한 사고는 유아가 인식한 진리(교리)를 확장시키는 상상력을 촉발하게 하여 삶의 다양한 영역에서의 표현으로 나타난다. 교리예배는 유아가 모든 것을 자원하여 할 수 있는 영적인 자세와 태도를 길러준다. 이런 관점에서 유아는 기도를 열망하고 원한다. 그래서 예배를 위한 기도는 원하는 유아가 하도록 해야 한다. 유아는 스스로 기도할 수 있으며 교사는 유아가 기도할 수 있는 자세와 태도를 길러주어야 한다. 유아는 아직 발달과정에 있음으로 마음의 표현을 언어로 정확하게 전달하지는 못하지만 유아의 자발적 기도는 가장 중요한 영적 태도와 자세를 길러준다. 또한 예정원 교리예배는 유아들이 교회 공동체를 인식하고 경험할 수 있는 친교의 영역이 자리잡고 있다. 예정원 교리예배에서 애찬식은 과자와 주스를 같이 나누어 먹음으로 교회 공동체의 친교를 유아가 경험하도록 만든다. 또한 유아가 같이 부르는 교리찬양은 공동체로의 부르심을 인식하게 하여 말씀을 공동체적 관점에서 이해하고 경험하도록 하는 영적으로 준비된 환경도 제공해 준다.

이러한 교리예배는 유아가 진리를 인식하도록 하여 하나님을 향한 경외심을 가지게 한다. 그러나 일정한 형식의 교리예배가 예배의 끝은 아니다. 교리예배는 삶을 위한 영적 예배로 이어져야 하며 삶의 다양한 영역에서 표현되어야 한다. 생활 속에서 하나님에 대한 경외로 드러나야 한다. 즉, 우리 몸의 지체를 통해 하나님에 대한 인식과 진리 이해가 실천적인 표현으로 나타나야 한다(롬12:1-2). 유아는 발달과정 중에 있는 존재로 상호작용을 통한 삶의 경험을 표현함으로 발달해 간다. 유아의 영적 예배는 진리(교리)에 대한 인식적 경험이 일상의 삶에 대한 다양한 표현 작업을 통해 몸의 지체를 드림으로 구체화 되어야 한다. 유아는 예정원에서 Art Material이라는 작업을 통해 영적 예배를 경험하여 일상의 삶에서 예배자로서 부름을 받는다. 유아에게 이러한 Art Material 활동은 그리스도를 따르는 실천적인 제자도의 삶과 행동에 준비가 되도록 만든다.

4) 제자의 삶(Art Material)

　신약성경에서 예수님은 제자를 부르시고 사역을 맡겨 보내시는 분으로 나타난다(마10:1-15). 예수님의 제자들은 부르심을 받을 때 즉시 주님의 말씀을 따랐고 동거 동락하였다. 때로는 예수님께 칭찬을 듣기도 하였고 책망도 들었다(마16:13-23). 무지하고 두려운 경험으로 도망가기도 하였으나 그것은 주님이 싫어서가 아니라 연약하였기에 그렇게 행동하였다(눅22:54-62). 예수님은 승천하시기 전에 제자들에게 지상명령을 주셨다(마28:18-20). 제자들은 주님 승천 후 예루살렘을 떠나지 않고 약속하신 성령을 기다리고 기도하였으며 오순절에 약속하신 성령을 받았다. 이때부터 제자들은 성령에 충만하여 예수 그리스도의 죽으심과 부활 즉, 복음을 능력 있게 전하기 시작했다. 이들은 그리스도의 제자로서 예수 그리스도를 능력 있게 따르기 시작했다. 이것이 신약교회의 시작이었다.

　신약에서 제자를 가리키는 단어는 *mathētēs*이다. 제자라는 단어의 정의는 일반적, 특정적 의미로 정의될 수 있다. 일반적 의미로는 위대한 스승에게 헌신한 추종자라는 의미이며 특정적 의미는 영생을 얻기 위해 예수님을 구주와 하나님으로 시인하고 따르는 삶을 시작한 사람이다. 복음서에서 제자는 예수님을 따르는 자이며 초대교회에서는 성도, 그리스도인, 형제/자매, 신자를 의미하는 지칭된 사람들의 총칭이었다. 신약에서 제자라는 용어는 특정한 의미로 복음서에는 230회, 사도행전에는 28회가 사용되어졌다(Wilkins, 1992). 신약성경에서 제자는 그리스도의 말씀을 따르고 실천하며 행동하는 삶의 모습을 가졌다. 제자는 그리스도를 따르는 가운데 닮아가는 사람들이다.

　유아들이 그리스도의 제자가 된다는 것은 어떤 의미인가? 일반적이고 특수한 의미에서 제자의 삶을 살펴본다면 어린이가 예수님의 말씀을 따르고 실천하는 가운데 그리스도의 모습을 닮아가는 것이라 할 수 있다. 그리스도의 가르침을 받아 삶으로 행동하며 실천하는 모습이 제자의 삶이다. 그러나 유아는 아직 발달단계에 있어서 인지적으로나 언어적으로 진리의 말씀을 명확하게 인식하기가 힘들다. 유아는 어떻게 하나님을 알아가는가? 유아는 인지적으로 하나님을 알아가는 것이 아니라 하나님의 임재에 대한 삶의 경험을 반복하면서 전인적인 관점에서 하나님을 알아간다. 성인들은 말씀을 듣고 인지적 능력으로 하나님의 뜻을 해석하고 이해함으로 하나님을 알아간다. 그러나 유아는 발달을 통해 자신을 형성해 가는 과정 중에 있음으로 삶의 경험적인 부분이 인지 영역을 구축해 간다. 즉, 성인들이 하나님을 알아가는 통로는 인지 영역이지만 유아들은 삶의 경험을 통해 전인으로 하나님을 알아간다고 볼 수 있다. 인지주의 심리학에서는 유아의 인지발달이 미성숙하여 유아의 종교적 사고능력이 부족하다고 인식되어 왔지만 1990년대 말부터 일어난 어린이 영성(Children's Spirituality)에 대한 연구는 인지발달 심리학에 기반한 어린이 종교성의 입장을 비판하면서 어린이를 영성적 존재로 인정하고 단순히 지적인 차원이 아니라 직관적, 예술적, 경험적, 비언어적,

관계적인 측면에서 접근해야 한다고 말한다(유선희, 2012). 어린이는 삶 속에 임하는 하나님을 경험적으로 알아간다.

예정원 교리교육은 스토리텔링과 유아가 스스로 행하는 교구작업을 통해 하나님의 이야기 안으로 들어간다. 유아는 스스로 교구작업을 반복하면서 성경 이야기를 경험하고 하나님의 진리(교리)를 감각적이며 경험적으로 알아간다. 이러한 하나님에 대한 인식이 예술적 표현 작업인 Art Material을 통해 충분히 표현되어질 때 유아는 전인적 관점인 지, 정, 의 영역에서 통합적으로 하나님을 인식해 간다. 지적 인식만이 아니라 발달과정에 있는 유아가 전인이 통합된 관점에서 하나님을 인식하게 되는 것이다. 유아가 하나님을 알아가고 예수 그리스도를 따르는 제자도를 실천하는 그리스도인으로 준비되어지는 방법은 전인적 차원에서 준비되어야 한다. 말씀에 대한 경험과 인식, 느낌과 감정, 욕구와 실천이 하나가 되어 유아 삶의 영역에서 표출되고 드러나야 된다. Art Material은 유아의 통합적이고 영적인 진리(교리)의 인식을 예술을 통해 유아의 상상력을 자극하는 방법으로 확장시켜 준다. 이러한 예정원 어린이 교리교육의 특징을 그림으로 나타내면 다음과 같다.

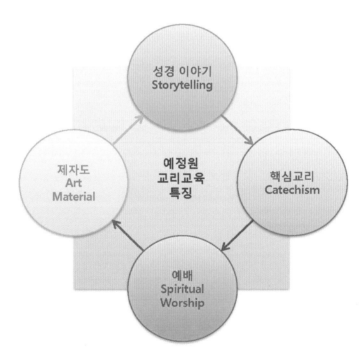

[그림5-1] 예정원 교리교육의 특징

6. 예정원 어린이 교리교육 과정

1) 교리예배

예정원의 교리예배는 교리교구를 통해 말씀을 선포함으로 유아가 성경의 진리 안으로 들어가도록 인도하여 교회 공동체 일원으로 하나님을 예배하는 모습을 가지게 한다. 교리예배는 유아가 하나님을 경외하고 감탄하는 예배가 될 수 있도록 교사는 환경을 구성하고 준비해야 한다. 유아가 예배자가 될 수 있도록 인도하는 것이 중요하다. 예배 안에서의 교리 이야기는 유아들의 공동체가 하나님을 만나는 자리로 인도함을 받아 재미나 흥미 위주의 수동적 위치에서 보고 듣는 자가 아니라 예배의 참여자로 만들어 나간다(이정규, 2008). 시청각 설교자료와 기자재의 사용은 유아들이 보고 듣는 예배로 끝날 가능성이 크다. 예정원 교리예배는 교회 공동체의 대그룹을 위한 사역자들의 설교와 깊은 말씀 묵상과 몰입을 위한 교사들의 소그룹 제시, 유아들이 교리교구를 가지고 직접 작업함으로 성경 이야기로 들어가는 과정을 통해 참여하는 예배자로서 모습을 가지게 된다.

2) 교리질문

교리교구를 통한 말씀제시 후에 교리질문이 이어진다. 교리질문은 유아가 교구를 통해 들은 말씀을 스스로 묵상하게 함으로 거룩한 상상력을 가지고 말씀과 진리(교리)가 삶의 영역에서 표현될 수 있도록 준비한다. 교리질문의 방향성은 유아의 삶과 경험 안에서 말씀과 연계된 질문으로부터 시작한다. 다음으로 성경교리 이야기의 이해와 인식을 돕는 질문들로 이어지고 소요리문답의 이해, 인식, 경험을 위한 핵심교리 질문으로 이어진다. 이러한 질문들에 대한 유아의 상상과 깨달음은 일상적 삶에서 적용점을 찾기 위한 질문으로 나아간다. 교리질문은 유아가 성경 이야기를 통해 인식한 진리를 깊이 생각하는 시간을 가지게 한다. 그래서 유아에게 교리 질문을 할 때 교사는 유아의 답을 즉각적으로 듣지 않는다. 시간적인 여유를 두고 깊이 생각하게 한 후에 진리(교리)를 나중에 따로 표현하는 작업으로 인도하는 것이 중요하다. 교리질문의 목적은 유아가 스스로 시간을 가지고 반복적이며 확장적으로 거룩한 생각을 할 수 있는 힘을 기르는데 있다.

3) 유아들의 작업

교리질문이 실제적 의미를 가지게 하고 말씀으로 유아를 몰입하도록 만드는 것이 유아의 교리교구 작업이다. 유아는 교사의 교구 제시를 보고 선반에서 자유롭게 교리교구를 가져와 만든다. 유아는 억지나 주입이 아니라 <u>스스로</u> 성경 교리 이야기에 몰입함으로 진리를 인식한다. 여기서 드러나는 유아의 행동적 특징은 집중, 반복, 몰입이다. 유아는 스스로 집중하면서 반복한다. 유아는 진리를 인식할 때까지 성경 이야기를 재구성하면서 반복한다. 이때 유아에게 주어지는 것이 성경 스토리 북이다. 유아는 성경 스토리 북을 보면서 교리교구 작업에 몰입할 수 있고 다른 친구들과 같이 작업에 임할 수 있다. 이때 유아는 교사가 보여준 모범제시를 그대로 따라 하지는 않을 것이다. 교사로서 우리는 성경적 기준을 따라 성경 이야기를 제시 하지만 적용하고 확장시키는 것은 유아들의 몫이다. 유아는 교사들의 제시를 보고 상상력을 통해 말씀을 확장시키거나 적용점을 찾고 교구 작업을 통해 성경 이야기를 재구성하면서 진리(교리)를 인식해 간다. 교사는 유아들이 성경 말씀과 교리를 재구성하는 과정을 방해해서는 안되며 집중을 통한 반복이 깨어지도록 하면 안된다. 교사는 유아가 바르게 진리의 말씀을 재구성하고 확장시켜 적용해 가는 것을 도와야 한다.

4) 교리찬양 및 교리문답 암송

유아들이 부르는 교리찬양은 하나님 말씀으로 인식한 진리(교리)를 통해 하나님을 경배하는 섬김의 표현이고 하나님 진리의 경험에 대한 송영이다. 유아들이 성경 이야기 제시, 교리질문, 자발적인 작업을 통해 진리(교리)를 인식하고 경험하면 유아들은 예배자가 되어 하나님을 경외하며 찬양 드리기를 원한다. 교리찬양은 유아가 자신의 목소리와 음악적 리듬을 통해 드리는 하나님 경외의 표현이다. 또한 예정원의 교리찬양은 교회의 공동체성을 회복하고 성경의 진리(교리)를 화음과 리듬을 통해 인식할 수 있도록 돕는다. 유아들이 부르는 교리찬양은 합창곡으로 서로의 화음과 리듬에 유의하면서 자신의 위치와 영역에서 찬양함으로 교회 공동체를 인식하도록 돕는다. 현대사회는 다원주의와 포스트모더니즘 세계관의 유입으로 개인주의가 팽배한 시대이다. 현대 교회도 예외는 아니어서 개인주의적 신앙이 교회에 유입되고 있다. 이러한 때에 교회에서 부르는 합창과 성가곡은 서로간의 음의 조화를 통해 공동체가 하나님께 예배하는데 적절한 수단과 표현이 된다. 이러한 특성은 예정원의 교리 예배에서도 나타나야 한다. 예정원의 교리찬양은 유아들이 하나님께 다양한 음의 조화와 리듬을 통해 함께 찬양을 드리도록 구성되어 있다. 유아들은 자신의 위치와 영역에서 화음과 리듬을 연습하고 다른 유아들과 함께 교리찬양을 하나님께 드림으로 그리스도의 몸 된 교회의 지체로서 예배자의 모습을 가진다.

5) Art Material 활동(지, 정, 의)

예정원 교리교육에서 Art Material은 다양한 예술적 방법을 통해 유아가 교리교구 작업을 통해 깨닫고 인식한 진리(교리)를 표현해 내는 작업이다. 이러한 표현작업은 유아가 예수님의 제자로서 준비된 삶의 자세와 태도를 형성하는데 중요하다. 그리스도의 제자는 그분의 말씀을 실천하는 삶을 살아가는 사람들이다. 유아가 진리를 인식하고 삶의 경험을 통해 표현해 내는 작업은 말씀을 따라 살아가는 삶을 준비시킨다. 그래서 Art Material 작업은 유아의 전인에 영향을 주는 활동이어야 한다. 예정원의 교리교육 활동은 지, 정, 의라는 전인적 관점에서 접근한다. 유아가 교리교구 작업을 통해 진리(교리)를 분명히 인식하면 정서적으로 충만해지며 이러한 정서적 자극은 의지적 행동의 실천에 영향을 준다. 즉, 진리(교리)의 인식, 느낌, 의지적 행동과 실천은 유아의 전인에 영향을 줌으로 행동하는 그리스도인으로 준비시켜 준다. 이러한 유아들의 작업과정은 자발적인 선택과 몰입, 집중과 반복을 통해 성경 이야기의 핵심 진리(교리)를 인식함으로 유아의 정서는 기쁨으로 고양되고 더욱 하나님의 말씀을 실천하려는 욕구를 가지게 된다. 이러한 욕구는 의지를 단련시켜 하나님의 말씀을 순종하고 실천하는데 힘을 더해 줌으로 유아의 삶에서 말씀의 실천으로 나타난다. Art Material은 다양한 예술적 방법과 매체를 통해 접근해야 한다. 유아들은 발달의 단계를 거치는 과정에 있음으로 다양한 예술적 표현들은 유아의 거룩한 상상력에 창의성을 더해 줌으로 성숙한 그리스도인으로 자랄 수 있는 태도와 자세를 형성시켜 줄 것이다. 이러한 예정원 교리교육과정을 그림으로 나타내면 다음과 같다.

[그림6-1] 예정원 교리교육 과정

7. 예정원 교리교육의 준비된 환경

예정원 교리교육의 준비된 환경으로서의 교사, 어린이, 교리교구는 중요하다. 준비된 환경이라는 개념은 마리아 몬테소리(Maria Montessori)에서부터 시작되었다. 몬테소리는 유아를 위해 준비된 환경이 필요하다고 주장하였다. 유아에게 알맞은 질서 있는 환경은 유아발달에 긍정적인 영향을 준다는 것을 몬테소리는 어린이집에서 관찰을 통해 발견했다. 이러한 준비된 환경에 대한 개념은 유아교육 영역에서는 기정 사실로 받아들여 유아에게 알맞은 환경을 구성해 준다. 몬테소리는 종교교육에서도 준비된 환경의 필요성을 주장하여 자신의 Atrium(몬테소리가 가톨릭 교리교육을 위해 준비한 종교적 환경과 교실)에서 종교교육 교구들을 구성하여 유아들에게 제공하였다. 예정원의 교리교육에서도 개신교 교리를 어린이에게 적절하게 제시하기 위한 교육적 환경이 필요하다. 유아에게 하나님의 말씀을 질서정연하고 자발적으로 진리를 인식할 수 있도록 환경을 조성해 주는 것은 중요하다. 이러한 교리교육을 위해 필요한 준비된 환경의 중요한 요소가 교사, 어린이, 교구 체계이다.

1) 교사

예정원 교리교사는 신학, 교육, 영성이 훈련되어 있어야 한다. 교리는 기독교의 신학 체계이며 기독교 세계관의 기초이다. 교리교사는 어린이들에게 교리를 성경이야기를 통해 전하기 때문에 신학적 훈련이 필요하다. 신학은 하나님께서 계시한 모든 영역 안에서 살아 역사하시는 하나님을 전인격적으로 알아가는 학문으로 교사로 하여금 성경적인 세계관과 가치관의 틀을 형성시켜 주며 영적 분별력을 길러주어 어린이의 생명을 질서 있게 하나님께로 인도하게 한다(이정규, 2008). 특히 웨스트민스터 소요리문답은 조직신학적 체계로 논리적으로 구성되어 있어서 교리교사는 조직신학의 전반적인 체계를 인식하고 삶에 적용하는 훈련이 필요하다. 조직신학은 신학에서 교리적 틀과 성경적 세계관의 뼈대를 구성해 준다. 예정원 교리교사는 체계적인 신학 훈련을 통해 각각의 교리의 핵심을 인식하여 어린이들에게 이야기와 교구제시를 통해 말씀을 전해야 한다. 그래서 말씀의 가르침과 선포의 사역은 신학적 훈련과 소양이 요구된다.

또한 예정원 교리교사는 교육적 훈련이 필요하다. 예정원 교리교육은 유아의 발달을 고려한 교육적 원리와 관점이 반영되어 있다. 이야기를 통한 교육학적 접근은 스토리텔링 기법이, 교구를 통해 교리를 접근하는 방식은 몬테소리 종교교육의 원리와 방법론이 적용되었으며 Art Matrrial은 레지오에밀리아 접근법(Reggio Emilia Approach)의 교육학적 원리와 방법이 응용되었다. 예정원 교리교사는 교육학 영역에서의 원리와 방법에 대해 훈련되어 있음으로 교육적 원리와 방법론을 통해 하나님 말씀의 핵심인 진리(교리)를 어린이에게 전달해야 한다.

예정원의 교리교육 교사는 영성이 성숙된 교사이어야 한다. 여기서 영성이란 기독교 영성을 의미하는 것으로 그리스도 안에서 하나님을 향한 방향성을 가지고 전인적(지, 정, 의, 영) 생명이 자라나면서 경험하는 삶의 모든 총체적인 요소라 할 수 있다(이정규, 2008). 예정원 교리교사는 그리스도 안에서 거듭난 사람이어야 하며 영적인 생명의 기반을 가진 성숙한 그리스도인이어야 한다. 어린이의 생명을 인도하는 교사가 영적으로 어리다면 어린이를 하나님 앞으로 바르게 인도하지 못할 것이다. 예정원 교리교사는 지, 정, 의, 영적 생명의 차원에서 성숙되어 어린이를 그리스도와 하나님께로 인도하는 씨앗을 뿌리고 물을 주는 사역자들이다.

2) 어린이

어린이의 연령, 영적 배경, 상태는 다양하다. 교사는 주일학교, 예정원, 기독교 유치원, 어린이집, 선교원에 나오는 어린이의 영적 상태를 고려하여 교리교육을 제시할 줄 알아야 한다. 은혜를 전혀 모르는 어린이, 거듭난 어린이, 영적으로 성숙한 어린이, 교회 밖의 어린이, 교회 안의 어린이 등과 같이 어린이가 존재하는 영역은 다양하지만 예수 그리스도가 어린이를 부르심은 한결같다. 예수님은 갓난 아기가 어머니의 품에 안겨 오는 것도 어린이가 자신에게 오는 것이라 보고 막아서는 제자들을 책망하면서 어린이가 내게 오는 것을 용납하고 금하지 말라고 말씀하신다(막10:13-14). 예정원의 교리교사는 어린이가 예수님께로 오는 것을 방해해서는 안된다. 성령 안에서 교사는 어린이의 영적 상태를 분별하여 적절하게 하나님께로 인도할 수 있는 능력을 가져야 한다. 교회 밖의 은혜를 전혀 모르는 어린이들에게는 예수 그리스도를 소개하며 복음을 제시해야 한다. 은혜를 받고 하나님을 갈망하는 어린이들에게는 성경 진리를 체계적으로 말씀을 통해 제시해야 한다. 영적으로 성숙한 어린이에게는 말씀을 통해 더 깊이 있는 진리 체계를 전해야 한다. 또한 어린이는 발달의 완성에 도달한 상태가 아니라 정점을 향해 나아가는 존재들이다. 교사는 어린이의 발달과정을 잘 이해하고 발달에 상응하는 교육적 방법론을 통해 어린이를 인도해야 한다. 교사는 관찰자이며 안내자이고 어린이 생명 발현의 촉진자로 섬기는 소명을 받은 자이다.

3) 교리교구

예정원의 교구체계는 어린이의 상태와 발달에 따라 구분된다. 예정원 교육의 핵심은 복음임으로 복음에 대한 체계적인 제시가 필요하다. 예수님을 만난 사람들의 이야기는 복음서에서 예수님을 만나 삶이 변화된 사람들의 이야기로 구성된 교구체계이다. 이것은 어린이에게 예수님을 만나려는 열망을 심어준다. 어린이가 예수님에 대한 앎과 만나려는 열망을 가지면에수님을 영접하는데 도움을 주는 교구가 제시된다. '무지개 다리와 십자가 다리'교구는 그리스도의 복음을 체계적으로 소개하는데 창조, 타락, 구속, 영접의 순서로 제시된다. 이러한 복음제시 교구 외에 성경 말씀의 진리(교리)를 체계적으로 제시해 주는 교리교구가 있다. 교리교구는 장로교회의 표준문서인 웨스트민스터 소요리문답 1-107문항을 그룹화하여 각 핵심교리를 보여주는 성경 이야기를 스토리텔링과 교구를 통해 제시된다. 교리 체계는 성경 전체를 논리적이며 체계적으로 펼쳐 놓은 것 같은 진리의 숲을 보여준다. 이러한 교리체계를 숲과 같이 전체적으로 보여주는 것으로 교리 개요교구가 있다. 개요교구는 크게 소요리문답 1-38문, 39-107문으로 나뉘어지며 다시 두 영역은 10가지 영역으로 구분된다. 개요교구는 구분되는 영역을 색깔로 표시하여 어린이들이 그룹화를 해봄으로 소요리문답의 체계를 인식하도록 구성되어 있다. 또한 각각의 그룹화는 다시 해당되는 소요리문답을 제시하도록 함으로 암송하고 외울 수 있도록 함으로 교회전통의 문답교육이 이루어지도록 되어 있다. 교리 개요교구의 10가지 영역은 다음과 같다.

1. 인간 삶의 목적과 성경(1문-3문)

2. 하나님의 속성, 삼위일체, 사역(4문-11문)

3. 인간: 황폐해진 인간(12문-19문) 숫자: 갈색

4. 예수 그리스도의 속죄, 신성과 인성, 직무, 신분(20문-28문) 숫자: 빨강색

5. 구속과 적용: 성령, 소명, 믿음, 칭의, 양자 됨, 성화와 유익들(29문-38문) 숫자: 녹색

6. 인간의 의무와 책임(39-41문) 숫자: 연한 황색

7. 십계명(42문-81문) 숫자: 청색

8. 구원: 계명준수 실패, 믿음, 회개(82문-87문) 숫자: 하늘색

9. 은혜의 방편: 말씀, 성례, 기도(88문-98문) 숫자: 자주색

10. 은혜의 방편: 주기도문(99문-107문) 숫자: 분홍색

또한 교리의 세부적인 영역 즉, 나무를 보여주는 교구체계로 소요리문답 1-107문을 그룹화하여 스토리텔링으로 제시되는 소요리문답 교리교구 체계가 있다. 이러한 예정원의 교리교육은 교사의 제시, 교리질문, 유아가 직접 교구를 다루는 작업, Art Material 활동을 통해 체계적으로 성경의 진리(교리)를 유아가 삶 속에서 경험하게 만든다.

그래서 예정원 어린이 교리교육 체계는 복음제시, 교리개요, 교리문답 교구로 구성되어 있다. 예정원 교리교육의 준비된 환경의 중요한 요소들의 관계를 그림으로 표현하면 다음과 같다.

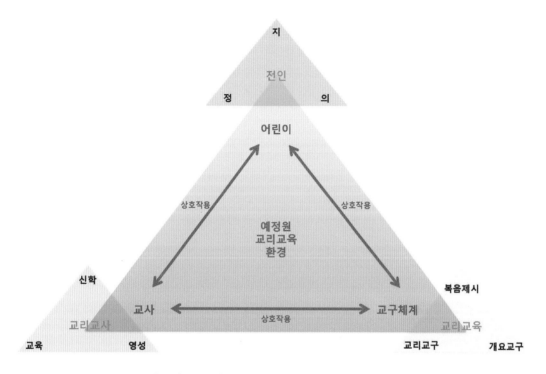

[그림7-1] 예정원 교리교육의 준비된 환경

제2부 예정원 어린이 교리교육 실제

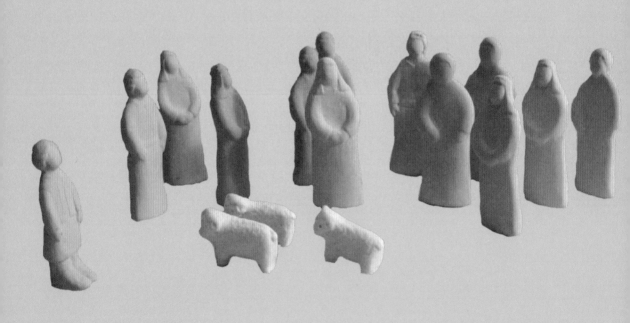

첫 번째 교리 이야기

다윗 왕의 기쁨

다윗은 또다시 이스라엘에서 뽑힌 사람 삼만 명을 모았습니다. 다윗은 그의 모든 백성들과 함께 유다의 바알레로 가서, 그 곳에 있는 하나님의 궤를 예루살렘으로 옮겼습니다. 그 궤는 그룹들 사이에 계신 만군의 여호와의 이름으로 부르는 궤였습니다. 다윗의 부하들은 하나님의 궤를 새 수레 위에 놓았습니다. 그들은 그것을 언덕 위에 있는 아비나답의 집에서 가지고 나왔고, 아비나답의 아들인 웃사와 아효가 그것을 끌었습니다. 그들이 아비나답의 집에서 하나님의 궤를 싣고 나올 때에 아효가 그 앞에서 걸었습니다. 다윗과 모든 사람들은 여호와 앞에서 잣나무로 만든 온갖 악기를 연주했고, 수금과 비파와 소고와 양금과 제금으로도 연주했습니다. 다윗의 부하들이 나곤의 타작 마당에 이르렀을 때, 소들이 뛰어서 하나님의 궤가 수레에서 떨어지려 했습니다. 그 때 웃사가 손을 내밀어 궤를 붙잡았습니다. 여호와께서 웃사에게 노하셔서 그를 죽이셨습니다. 이는 웃사가 아무나 만질 수 없는 궤를 만졌기 때문입니다. 웃사는 하나님의 궤 곁에서 죽었습니다. 다윗은 여호와께서 웃사를 죽이신 일 때문에 화가 났습니다. 그래서 그 곳의 이름을 '웃사의 벌'이라는 뜻으로 '베레스웃사'라고 불렀습니다. 오늘날도 그 이름이 남아 있습니다. 다윗은 그 날부터 여호와를 무서워했습니다. 다윗은 "이래서야 어떻게 여호와의 궤를 무사히 옮길 수 있겠느냐?"고 말했습니다.

그래서 다윗은 여호와의 궤를 다윗 성으로 옮기지 않고 그대신 그것을 가드 사람인 오벧에돔의 집으로 가지고 갔습니다. 여호와의 궤는 오벧에돔의 집에 세 달 동안 머물러 있었는데, 여호와께서는 오벧에돔과 그의 온 집안에 복을 주셨습니다. 백성들이 다윗에게 말했습니다. "여호와께서는 오벧에돔의 집에 복을 주셨습니다. 그에게 속한 모든 것이 복을 받았습니다. 이것은 하나님의 궤가 그 곳에 있었기 때문입니다." 그 이야기를 들은 다윗은 기쁜 마음으로 오벧에돔의 집으로 가서 하나님의 궤를 가지고 다윗 성으로 올라갔습니다. 여호와의 궤를 나르는 사람들이 여섯 걸음을 걸었을 때, 다윗은 소와 살진 송아지를 제물로 바쳤습니다. 그리고 나서 다윗은 여호와 앞에서 온 힘을 다해 춤을 추었습니다. 다윗은 거룩한 베 에봇을 입고 있었습니다. 다윗과 모든 이스라엘 백성들은 기쁨으로 소리를 질렀습니다. 그들은 여호와의 궤를 성으로 가지고 들어가면서 나팔을 불었습니다.(쉬운 성경 사무엘하 6장 1절-15절)

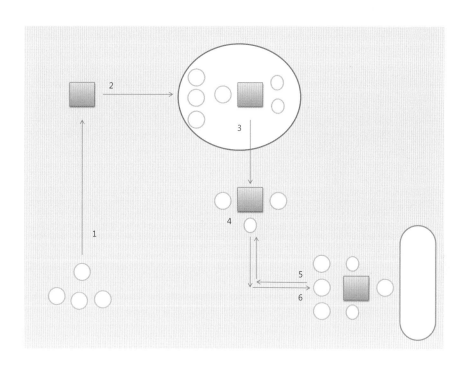

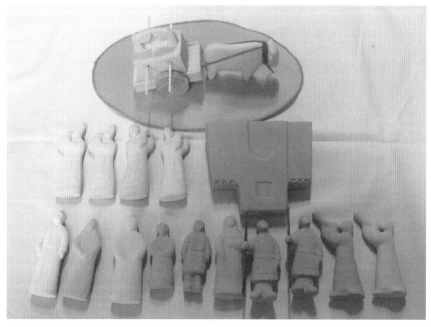

다윗 왕의 기쁨

★ **나이:**

A) 4-7세

★ **자료출처:**

A) 소요리 문답 1문

B) 사무엘하6:1-23, 역대상15-16:3

★ **교회력:**

A) 특별한 시기 없음

★ **영적 필요조건:**

A) 유아가 하나님 앞에서 어떤 마음으로 살아야 할지 알고 싶을 때

★ **제시 필요조건:**

A) 웨스트민스터 소요리 문답 순서에 맞춤

★ **교리문답:**

1문: 사람의 제일 되는 목적이 무엇입니까?

사람의 제일 되는 목적은 하나님을 영화롭게 하고 하나님을 영원토록 즐거워하는 것입니다.

★ 신학적 관점:

피조물은 창조주가 계획한 존재의 목적을 가지고 있다. 성경은 하나님께서 말씀으로 우주를 창조하였다고 선포한다. 말씀 창조는 인격적인 관계의 선포를 의미한다. 이러한 관계성은 창조주가 피조물에게 존재의 의미와 목적을 부여했음을 보여준다. 소요리문답 1문은 사람의 제일되는 목적을 묻는다. 인간은 피조물로서 존재의 의미와 목적이 있으며 소요리문답은 인간 존재의 핵심적 목적을 먼저 정의한다. 이는 성경적인 관점으로 창1:1절이 하나님의 존재를 전제로 창조를 선포하듯 소요리문답은 인간 존재의 근원적 목적을 전제로 신앙고백이 무엇인지를 보여준다. 문답의 답은 하나님을 영화롭게 하고 그를 영원토록 즐거워하는 것이다. 인간은 하나님의 형상으로 창조되었다(창1:26). 형상은 원형에 대한 이미지와 반영을 의미한다. 형상은 원형을 반사함으로 존재의 의미를 가진다. 즉, 인간은 하나님 존재의 속성, 능력, 성품을 반영하여 보여주는 존재이다. 이러한 인간 존재로의 삶은 피조물이 누릴 수 있는 최고의 즐거움과 기쁨을 가져다 준다. 왜냐하면 인간 존재의 의미가 원형의 반사에 있기 때문이다. 인간이 하나님을 반영하지 못하면 인간 존재의 의미와 목적은 상실된다. 이러한 관점에서 인간 타락은 인간 존재의 의미인 하나님의 반영을 왜곡시켰다. 그러나 예수 그리스도의 우주적인 구속은 다시 인간 존재의 근원적 의미를 추구하도록 회복시켰다. 성경의 저자들은 다양한 시, 공간의 영역에서 인간 존재의 근원적인 추구 즉, 하나님의 영광을 추구하는 삶에 대해 선포한다(시86:9, 사43:21, 사60:21, 골11:36, 고전10:31, 계4:11). 이러한 삶의 자세와 태도를 보여주는 인물로 다윗이 있다. 그는 하나님 마음에 합한 사람으로 하나님의 영광을 진정으로 바라고 기뻐하는 마음을 가졌다. 하나님과 함께함을 기뻐했던 다윗의 이야기는 소요리 문답 1문을 삶으로 살아내는 본을 우리에게 보여준다.

★ 직접 목적:

인간 삶의 목적과 의미가 무엇인지를 이해한다.

하나님 앞에서 어떤 마음을 가지고 살아야 하는지를 이해한다.

★ 간접 목적:

하나님을 향해 마땅히 우리가 가져야 할 덕목 함양(기쁨, 정직, 진실, 겸손, 경외).

★ 교리 교구들:

교리이야기 상자, 교리이야기 펠트, 다윗 왕, 이스라엘 백성들: 어른(3), 아이(2), 군인들(2), 하나님의 궤, 소, 나무 수레, 악기를 부는 사람들(2), 둥그런 황색 펠트, 제사장(4), 다윗 성, 제단(돌5개)

★ 교리 이야기:

유아들이 원을 그리고 앉으면 교사는 '교리교육 이야기'가 있는 선반으로 가서 **"다윗 왕의 기쁨"** 교리 이야기가 들어 있는 상자와 성경을 가져온다. 교사는 교구를 앞에 놓고 잠시 묵상의 시간을 가지고 성경을 만지면서 말씀이 형성되면 이야기 한다.

"하나님은 우리에게 너무나 많고 큰 선물들을 주셨어요. 그 중에서 하나님에 대해 바로 알 수 있도록 주신 선물이 성경이에요. 성경은 하나님과 우리를 진실하게 알게 해주는 책이에요. 성경은 하나님이 많은 사람들을 감동시키셔서 오랫동안 쓰도록 하신 하나님의 책입니다. 이러한 성경을 전체적으로 알 수 있도록 해주는 것은 교리입니다. 교리는 하나님과 우리에 대해 명확하게 알게 해줘요. 여기 이 상자에는 하나님 앞에서 우리가 어떤 삶을 살아야 하는지를 알려주는 이야기가 들어 있어요"

상자를 조심스럽게 열어 교리 이야기 펠트를 꺼내 펴고 Trace를 하고 나서 말한다.

"성경에는 하나님을 믿고 사랑한 사람들의 이야기가 많이 나와요. 여러분 중에 잘 알고 있는 성경의 사람들이 있나요?"

유아들의 대답을 듣고 나서 이야기 한다.

"성경에 나오는 많은 사람들 중에 하나님의 마음에 합하여 하나님이 기뻐했던 사람이 있었어요. 그는 목동이었지만 나중에 이스라엘의 가장 위대한 왕이 되었던 사람이에요. 그는 누구일까요?"

잠시 멈추고 나서 말한다.

"네! 그는 다윗 왕이에요."

다윗을 펠트 위쪽에 놓고 그 뒤에 이스라엘 백성들과 군인들을 놓고 다윗을 가리키면서 말한다.

"다윗은 하나님을 사랑했어요. 다윗을 하나님은 이스라엘 백성들을 다스리는 왕이 되도록 하였지요. 다윗은 자신이 살고 있는 성에서 하나님과 함께 살기를 원했어요. 다윗은 백성들을 데리고 하나님의 궤가 있는 곳으로 갔어요. 하나님의 궤는 이스라엘 백성에게 하나님이 함께하고 있다는 것을 보여주는 거룩한 궤에요"

하나님의 궤를 왼쪽 아래에 놓고 다윗과 사람들을 그곳으로 이동시킨다.

"다윗과 백성들은 수레에 하나님의 궤를 실어 예루살렘으로 옮기기 시작했어요."

소 수레 위에 하나님의 궤를 놓고 오른쪽으로 이동시킨다. 다윗과 백성들도 그 뒤를 따라 이동시킨다.

"다윗은 하나님의 궤가 자신의 성으로 오는 것을 사람들에게 보이기 위해 여러 악기로 연주 했지요."

악기를 부는 사람(2)을 하나님의 궤 앞에 놓는다.

전체를 하나씩 오른쪽으로 이동시킨다.

전체가 중간에 왔을 때 멈추고 나서 둥그런 황색 펠트를 놓고 펠트 위로 모두 이동시킨다. 잠시 멈추고 수레를 가리키면서 말한다.

"수레가 타작 마당에 왔을 때 소가 뛰기 시작했어요. 하나님의 궤가 떨어질 것 같았어요."

수레를 움직인다. 다윗 뒤에 있는 한 사람을 이동시켜 수레를 잡게 하고 말한다.

"그 때 웃사라는 사람이 하나님의 궤를 붙들었어요. 그러나 웃사는 그 자리에서 죽었어요. 하나님의 궤는 거룩한 하나님이 계신 곳이라 죄인이 궤를 만지면 죽어요"

웃사를 엎드려 놓고 다윗을 가리키면서 말한다.

"다윗은 무섭고 두려웠어요. '거룩하신 하나님의 궤를 옮길 수 없어.' 다윗은 하나님의 궤를 자신의 성으로 옮기지 않고 오벧에돔이라는 사람의 집으로 가지고 갔지요."

전체를 사선으로 움직여서 중앙으로 이동시킨다. 하나님의 궤만 두고 다른 교구들을 정리한다. 하나님의 궤 주위로 사람들을 놓는다(어른 2, 아이1). 잠시 침묵하고 말한다.

"하나님은 오벧에돔과 그의 온 집을 축복하였지요. 그곳에 하나님이 계셨어요."

축복의 제스처를 사람들에게 한다. 펠트 오른쪽 끝에 다윗 성을 놓는다. 그 앞에 다윗과 백성들을 놓고 백성들과 다윗을 가리키며 말한다.

"백성들은 다윗에게 말했어요. 오벧에돔과 그의 온 집이 하나님께 축복을 받았습니다. 이는 하나님의 궤가 그곳에 있어서 그렇습니다."

다윗과 사람들을 하나님의 궤가 있는 곳으로 이동시키면서 말한다.

"다윗은 기쁜 마음으로 오벧에돔 집으로 갔어요. 그리고 하나님의 궤를 자신의 성으로 옮기기 시작했지요. 하나님의 궤는 제사장들이 들었어요. 원래 하나님의 궤는 제사장만이 들 수 있었어요."

4명의 제사장이 하나님의 궤를 운반하게 한다. 다윗-제사장들-사람들 순으로 자리를 배열하여 성으로 이동시킨다. 제사장을 움직일 때 숫자 여섯을 센다. 다윗을 만지면서 말한다.

"하나님의 궤를 나르는 사람들이 여섯 걸음을 걸었을 때, 다윗은 하나님께 예배를 드렸어요. 다윗은 너무 기뻐서 하나님께 감사했지요. 하나님이 나와 함께하는구나!!"

궤 앞에 제단 돌을 놓고 다윗을 제단 앞에 엎드려 놓는다.

다윗을 일으켜 잡고 춤을 추게 하면서 성으로 이동시킨다.

"다윗은 너무 기뻐 하나님 앞에서 춤을 추기 시작했어요. 다윗은 온 힘을 다해 춤을 추면서 생각했어요. 하나님이 나와 함께하시니 너무 좋아! 이 기쁨과 즐거움을 나는 하나님 앞에서 춤으로 나타낼 거야!!"

다윗을 춤을 추면서 이동시키고 백성들을 가리키면서 말한다.

"다윗과 모든 이스라엘 백성들은 즐거웠어요. 다윗은 하나님의 궤를 성으로 가지고 들어가면서 춤을 추었지요. 다윗은 하나님을 기뻐하고 즐거워했어요. 하나님이 우리와 함께하시니 감사합니다!!"

교사는 잠시 묵상의 시간을 가지고 교리 질문을 한다.

★ **교리질문:**

A) 왜 다윗은 하나님의 궤를 자신의 성으로 가져 오려고 했나요?

B) 왜 웃사는 하나님의 궤에 손을 대어 죽었나요?

C) 다윗은 웃사의 죽음을 보고 어떤 기분이었을까요?

D) 다윗은 하나님의 궤를 오벧에돔의 집에 보내고 나서 무슨 소식을 들었나요?

E) 왜 다윗은 하나님의 궤를 성으로 옮길 때 춤을 추었나요?

F) 우리는 하나님 앞에서 어떻게 살아야 할까요?

다윗의 기쁨

작사: 박용윤
작곡: 박용윤

이 스라엘을 다스리시는 왕 성에서주 함께 살기원하네

비 파 롤치며 수금울리면서 주 님의말 씀 실어오리라

오 빈에 돔을 축복하신주 궤를 옮기며 예배와감사

다 윗과 이-스라엘은 기 뻐노래 하도다

★ 관련 작업 활동(Art Material):

1. **활동제목**: 거울에 비친 내 모습

2. **관련성구**:

"하나님이 이르시되 우리의 형상을 따라 우리의 모양대로 우리가 사람을 만들고 그들로 바다의 물고기와 하늘의 새와 가축과 온 땅과 땅에 기는 모든 것을 다스리게 하자 하시고" (창 1:26)

3. **활동목표**:

① 유아가 하나님 형상을 따라 창조된 존재임을 안다.

② 유아가 하나님의 속성을 드러내며 하나님을 영화롭게 해야 하는 존재임을 안다.

4. **활동영역**: 지

5. **활동유형**: 신체, 이야기 나누기

6. **활동자료**: "안녕 친구들~ "영상, 거울

7. **활동초점**: 영상과 거울 활동을 통하여 사람이 하나님 형상으로 지어졌다는 개념을 알도록 하며 우리의 말과 행동의 다양한 모습을 통해 하나님을 드러내는 것임을 알도록 하는데 초점을 둔다.

8. **활동방법**:

1) 도입

① 교사는 활동 전에 유아들에게 인사하는 자신의 영상을 찍어 준비한다.

② 교사는 유아에게 영상의 교사와 지금 교사 중 누가 진짜인지 질문하며 진짜 선생님은 만지고 안을 수도 있지만 영상 속의 사람은 선생님의 모습이 보여 지는 것이라고 설명해 주며 이야기를 나눈다.

2) 전개

① 벽의 거울 앞에 가서 유아들이 자신의 '이미지'를 알아보는 개별 활동을 진행해 본다.

② 유아들이 웃을 때 거울 속 자신도 웃고, 팔을 들면 거울 속 자신도 팔을 드는 것을 알아보고 그러한 경험을 모두 모여 같이 이야기를 나눈다.

3) 마무리

① 교사는 우리가 하나님의 형상이라는 것은 하나님이 거울에 비친 모습과 같은 것이라고 이야기 해 준다.

② 하나님은 눈에 보이는 분이 아니지만 우리의 말, 행위, 태도와 같은 행동으로 하나님의 마음, 능력, 성품 등을 나타내는 것이라고 이야기를 나눈다.

9. 활동평가:

① 유아는 하나님의 형상을 닮았다는 것이 무엇인지를 알았는가?

② 유아는 자신의 말, 행위, 태도를 통해 하나님의 모습이 드러난다는 것을 알았는가?

1. **활동제목**: 뭐가 보여? 그 뒤에는 누가 있을까?

2. **관련성구**:

"육신을 따르는 자는 육신의 일을, 영을 따르는 자는 영의 일을 생각하나니 육신의 생각은 사망이요 영의 생각은 생명과 평안이니라"(롬 8:5-6)

3. **활동목표**:

① 하나님 앞에서 어떤 마음과 태도를 가지고 살아야 하는지 느낀다.

② 지금 나의 모습이 누구를 닮았는지 적절한 감정을 통해 경험한다.

4. **활동영역**: 정

5. **활동유형**: 문학, 이야기 나누기

6. **활동자료**: 폭력이나 재난 관련 사진, 환경재건 사진, 다양한 단어 카드들, 예수님과 사탄의 이미지 사진이나 그림

7. **활동초점**: 세상의 다양한 상황들을 통해 마음과 생각을 알고 느껴보도록 하며, 상황에 따라 행동하고 느끼는 감정이나 마음 중 어떤 것이 하나님을 닮은 것인지 분별하는데 초점을 둔다.

8. **활동방법**:

1) 도입

① 교사는 테러, 폭력, 재난 등으로 고통 받은 사람들과 파괴된 환경에 대한 사진을 보여 준다.

② 어떤 상황인지 유아에게 질문한다(교사는 사진을 고를 때 유아들이 정서적으로 고통 받거나 놀라지 않는 선에서 사진을 선택한다).

2) 전개

① 교사는 고통 상황에서 사람들을 돕고 환경을 재건하는 사람들의 사진을 보여주고 어떤 상황에서 어떤 행동을 하고 있는지 질문한다.

② 교사는 유아에게 첫 번째 제시 사진에서 느껴지는 감정이 무엇인지를 한 단어로 이야기 하도록 한다(고통, 악, 피, 파괴, 슬픔, 아픔, 무너짐, 부서짐, 깨짐, 사라짐, 두려움 등). 두 번째 제시 사진의 느낌을 한 단어로 이야기해 보도록 한다(사랑, 도움, 헌신, 돌봄, 치료, 치유, 회복, 일으킴, 감사, 따뜻함, 생명, 씻어냄 등).

③ 유아들의 말을 수집한다. 수집된 단어들을 모은 후 두 종류로 분류한다. 고통과 악을 드러내는 단어들과 회복과 사랑의 단어들을 모아 각각 다른 큰 종이에 써놓는다. 예수님과 사탄을 상징하는 이미지를 보여주고 어떤 단어들이 누구와 어울리는지 이야기를 나눈다.

④ 유아가 단어수집 종이에 예수님 혹은 사탄을 상징하는 이미지를 중앙에 붙여보도록 한다.

3) 마무리

① 교사는 유아에게 친구들을 방해하고 괴롭히는 행동을 보이는 이미지들과 친구들을 돕고 사랑하는 행동을 보이는 이미지를 보여주면서 각각의 존재에서 나타나는 존재가 누구인지를 이야기 나눈다.

9. 활동평가:

① 유아는 세상의 다양한 상황의 행동에 대한 다양한 감정을 느끼는가?

② 유아는 어떤 모습과 마음으로 살아가는 것이 하나님을 닮은 것인지 알고 느끼는가?

고통, 슬픔, 파괴, 무너짐, 피, 악 등

사랑, 섬김, 나눔, 협동, 치료, 생명 등

1. **활동제목**: 나는 하나님의 자녀!

2. **관련성구**:

"너희가 열매를 많이 맺으면 내 아버지께서 영광을 받으실 것이요 너희는 내 제자가 되리라"(요 15:8)

3. **활동목표**:

① 하나님 앞에서 세상을 향해 드러내야 할 우리의 모습을 표현해본다.

4. **활동영역**: 의

5. **활동유형**: 신체, 예술

6. **활동자료**: 넘어져 울고 있는 아이 사진, 상황극을 위한 도구들, 비디오 카메라

7. **활동초점**: 다양한 상황의 반응에서 하나님의 모습을 드러낼 수 있는 것이 어떤 것인지를 알고 선택할 수 있도록 하여 하나님을 드러내는 모습을 기억하여 표현해 보는데 초점을 둔다.

8. **활동방법**:

1) 도입

① 교구활동을 기억할 수 있도록 이야기를 나눈다.

② 교사는 유아에게 하나님이 함께 하시면 우리의 감정이 어떤지 생각해보도록 한다.

2) 전개

① 교사는 "만약 놀이터에서 친구가 빨리 가라고 밀어 넘어져 다쳐도 기쁘고 감사할까?"라고 묻는다.

② 유아에게 교사는 매일 즐거운 일만 일어나는 것은 아니고 힘든 일도 일어난다고 말해준다. 그리고 유아에게 이럴 때 어떻게 하나님을 드러낼 수 있는지 질문한다.

③ 교사는 유아들에게 '넘어져 아파 울고 있는 아이' 사진을 보여주고 아이가 맨 처음 무슨 행동을 했을지 생각해 보도록 한다. 교사는 다양한 사례들을 이야기해 주면서 우리가 힘들거나 기쁜 상황에 있을 때 '하나님을 기억'하고 표현할 수 있는 방법을 제안한다.

④ 교사는 오른손을 위로 올리면서 "아 하나님!"이라고 말하는 제스처를 보여준다. 교사는 신체나 언어를 동시에 사용하여 하나님께 기도하거나 남을 돕는 행위를 정하고 유아들과 함께 상황극을 만들어 공연한다.

3) 마무리

① '하나님의 영광을 드러내요'라는 제목의 영상캠페인(유아들이 각각의 현실에서 하나님을 기억하는 제스처를 행하고 하나님 앞에서 자신의 행위를 수정하는 내용)을 만든다.

② 기관이나 교회 홈페이지에 올려 다른 사람들과 내용을 공유하여 주변 사람들에게 '하나님의 영광을 드러내요' 캠페인에 동참시키는 활동을 한다.

9. 활동평가:

① 유아는 상황 가운데 하나님의 모습을 드러내는 것이 어떤 것인지를 알고 실천하는가?

② 유아는 나름대로 하나님을 기억하는 방법을 알고 실천하는가?

두 번째 교리 이야기

하나님이 말씀을 주셨어요.

하나님께서 이렇게 말씀하셨습니다. "나는 너희가 종살이하던 이집트 땅에서 너희를 인도해 낸 너희의 여호와 하나님이다.

너희는 나 외에는 다른 신들을 두지 마라.

너희는 우상을 만들지 마라. 위로 하늘에 있는 것이나, 아래로 땅에 있는 것이나, 땅 아래로 물 속에 있는 것의 그 어떠한 모양도 만들지 마라. 어떤 우상에게도 예배하거나 섬기지 마라. 나 여호와 너희 하나님은 질투하는 하나님이다. 나에게 죄를 짓고 나를 미워하는 사람에게는 그의 삼대, 사대 자손에게까지 벌을 내릴 것이다. 하지만 나를 사랑하고 나의 명령에 따르는 사람에게는 수천 대 자손에 걸쳐 한결같은 사랑을 베풀 것이다.

나 여호와 너의 하나님의 이름을 함부로 부르지 마라. 나 여호와는 나의 이름을 함부로 부르는 사람을 죄 없다고 하지 않을 것이다.

안식일을 기억하여 거룩한 날로 지켜라. 육 일 동안에는 힘써 모든 일을 하여라. 하지만 칠 일째 날은 나 여호와 하나님의 안식일이다. 그 날에는 너희나, 너희 아들이나 딸이나, 너희 남종이나 여종이나, 너희 짐승이나 너희 집 문 안에 머무르는 나그네도 일을 하지 마라. 왜냐하면 나 여호와가 육 일 동안 하늘과 땅과 바다와 그 안에 있는 모든 것을 만들고 칠 일째 날에는 쉬었기 때문이다. 그러므로 나 여호와는 안식일에 복을 주고, 그 날을 거룩하게 하였느니라.

너희 아버지와 어머니를 잘 섬겨라. 그러면 나 여호와 하나님이 너희에게 준 이 땅에서 너희를 오래 살게 할 것이다.

사람을 죽이지 마라.

간음하지 마라.

도둑질하지 마라.

이웃에 대하여 거짓 증언을 하지 마라.

이웃집을 탐내지 마라. 이웃의 아내나, 남종이나 여종이나, 소나 나귀나, 그 밖에 이웃의 어떠한 것도 탐내지 마라."(쉬운 성경 출애굽기 20장 1절-17절)

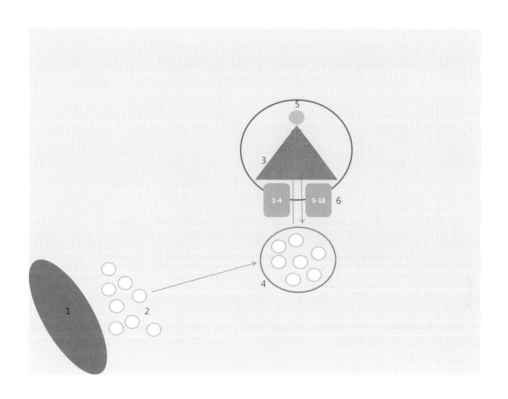

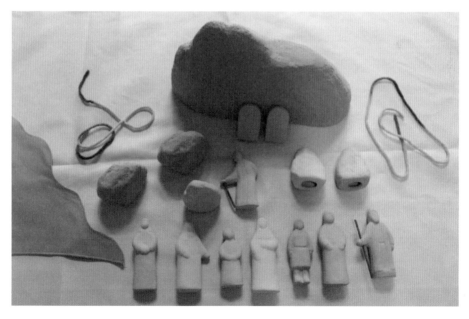

하나님이 말씀을 주셨어요

★ **나이:**

  A) 4-7세

★ **자료출처:**

  A) 소요리 문답 2문, 3문

  B) 출19:1-20:17

★ **교회력:**

  A) 특별한 시기 없음

★ **영적 필요조건:**

  A) 유아가 하나님의 말씀인 성경에 관심을 가지고 알고 싶을 때

★ **제시 필요조건:**

  A) 웨스트민스터 소요리 문답 순서에 맞춤

★ **교리문답:**

  2문: 하나님을 영화롭게 하고 즐거워하는 것을 지도하시려고 하나님께서 우리에게 주신 준칙은 무엇입니까?

  하나님을 영화롭게 하고 즐거워하는 것을 지도하시려고 하나님께서 우리에게 주신 유일한 준칙은 구약과 신약 성경에 기록된 하나님의 말씀입니다.

3문: 성경이 가장 중요하게 가르치는 것이 무엇입니까?

　　성경이 가장 중요하게 가르치는 것은 사람이 하나님에 대하여 믿는 것은 무엇이며, 하나님께서 사람에게 요구하는 본분은 무엇인가 하는 것입니다.

★ 신학적 관점:

하나님은 자신의 영광을 위해 온 세상을 창조하였다. 우주만물은 하나님의 신성, 능력, 성품을 계시한다. 계시는 모든 창조영역을 포함하며 하나님의 계시는 두 영역으로 구분된다. 일반적으로 우주만물의 창조를 통한 하나님의 속성과 능력을 계시한 일반(자연계시) 계시 영역과 하나님의 성품과 인간 구원의 역사를 계시한 특별계시(성경)가 그것이다. 일반계시인 자연 만물의 법칙과 원리에 내재된 하나님의 속성과 능력은 인간의 이성을 통해 발견될 수 있다. 그러나 질적 측면에서 완전하게 즉, 계시 그대로의 하나님의 신성과 능력을 이해하거나 발견할 수는 없다. 왜냐하면 인간 본성(이성을 포함해)이 타락하여 하나님의 신성과 능력을 왜곡되게 보고 해석함으로 하나님 계시의 온전함을 알 수 없게 되었다. 그래서 필요한 것이 특별 계시인 성경이다. 성경은 약 1400여 년에 걸쳐 약 40명의 저자들이 하나님 영의 감동을 받아 기록된 하나님의 말씀이다. 정경 66권이 하나님의 말씀인 것은 성령께서 성경 기록자들을 유기적으로 감동시켜 그들의 문체, 성향, 그 당시의 사회 문화적인 요소 안에서 단어들을 선택하여 완전하고 오류 없이 영감을 받아 기록한 책이기 때문이다. 성경의 저자들은 유기적으로 영감을 받았지 받아쓰기와 같이 기계적으로 영감 받지 않았다. 성경은 하나님의 성품과 인간 구원에 대한 하나님의 계획, 방법, 실현, 적용을 우리의 문자체계로 계시하고 있다. 이러한 관점을 소요리문답 2문, 3문은 하나님의 영광을 위해 우리에게 주신 준칙과 성경의 핵심 내용이라는 관점에서 대답한다. 소요리문답은 인간이 하나님에 대한 참된 지식과 하나님을 위해 우리가 어떻게 살아야 할 것인가를 성경이 계시하고 있다고 말한다. 소요리문답의 다음 문답부터는 하나님에 대한 지식(4-38문)과 하나님이 우리에게 요구하는 본분(39-107문)이 무엇인가를 다룬다.

★ 직접 목적:

유아가 하나님의 영광을 위해 살아가는 방법이 성경임을 알아간다.

유아가 성경을 대하는 태도와 자세를 알아간다.

★ 간접 목적:

하나님의 말씀을 대하는 덕목 함양(경청, 믿음, 겸손, 사랑).

★ 교리 교구들:

교리이야기 상자, 교리이야기 펠트, 암청색 펠트, 모세, 이스라엘 백성(남자2, 여자2, 노인1, 아이2), 암석(작은 것, 큰 것 합해서 5개), 장막상징(털실로 만들어짐), 경계선, 두 돌판(1-4, 5-10 숫자가 쓰여 있음), 시내산, 종이에 코팅된 10가지 계명(각 기관이나 교회에서 준비)

★ 교리 이야기:

유아들이 원을 그리고 앉으면 교사는 '교리교육 이야기'가 있는 선반으로 가서 **"하나님이 말씀을 주셨어요"** 교리 이야기가 들어 있는 상자와 성경을 가져온다. 교사는 교구를 앞에 놓고 잠시 묵상의 시간을 가지고 성경을 만지면서 말씀이 형성되면 이야기 한다.

"하나님은 우리에게 너무나 많고 큰 선물들을 주셨어요. 그 중에서 하나님에 대해 바로 알 수 있도록 주신 선물이 성경이에요. 성경은 하나님과 우리를 진실하게 알게 하는 책이에요. 성경은 하나님이 많은 사람들을 감동시키셔서 오랫동안 쓰도록 하신 하나님의 책이에요. 이러한 성경을 전체적으로 알 수 있도록 해주는 것이 교리입니다. 교리는 하나님과 우리에 대해 명확하게 알게 해줘요. 이 상자에는 하나님의 말씀이 무엇인지 알려주는 이야기가 들어 있어요"

상자를 조심스럽게 열어 교리 이야기 펠트를 꺼내 펴고 Trace 하고 나서 왼쪽 앞 모서리에 암청색 펠트를 깔고 말한다.
"하나님은 모세를 통해 이스라엘 백성들을 애굽 나라에서 나오게 하였어요. 하나님은 그들을 시내 광야로 인도하였지요."
모세와 이스라엘 백성을 암청색 펠트 앞에 놓고 주변에 암석을 놓고 나서 중앙 쪽으로 인도한다. 모세와 이스라엘 백성들을 가리키면서 말한다.
"하나님은 모세와 이스라엘 백성들을 시내 산으로 인도하였어요."
시내산을 중앙 오른쪽에 놓고 모세와 이스라엘 백성들을 그 앞으로 이동시키고 백성들 주위를 털실로 된 장막을 두른다. 모세를 만지면서 말한다.
"하나님은 모세를 산으로 불러 말씀했어요."
모세를 산 꼭대기로 이동시키고 가리키면서 말한다.

"나는 너희를 독수리가 날개로 새끼를 나르듯이 보호하면서 인도한 하나님이다. 너희가 내 말을 순종하고 약속을 지키면 너희는 모든 백성 중에 보물이 될 것이다. 너희는 제사장의 나라, 거룩한 백성이 될 것이다. 너는 가서 이스라엘 백성들에게 이 말을 전하라."

모세를 이스라엘 백성들이 있는 곳으로 이동시킨다. 이스라엘 백성들을 장막 앞으로 이동시키고 모세를 만지면서 말한다.

"모세는 하나님의 말씀을 이스라엘 백성들에게 전했어요."

백성들을 Trace하면서 말한다.

"이스라엘 백성들은 말했어요. 우리가 하나님이 말씀하신 것을 다 행하겠습니다."

모세를 다시 산 꼭대기로 이동시키고 말한다.

"모세는 하나님께 백성의 말을 전했어요."

모세를 만지면서 말한다.

"하나님은 모세에게 말했어요. 내가 구름 속에서 너와 이야기 하면 이스라엘 백성들이 듣고 너를 믿게 될 것이다. 너는 이스라엘 백성들에게 옷을 깨끗이 빨게 하고 3일 동안 준비시켜라. 3일에 내가 시내 산에 내려올 것이다. 너는 이스라엘 백성들이 산에 올라오지 못하도록 경계선을 만들어라. 산에 올라오면 죽을 것이다."

모세를 이스라엘 백성들 앞으로 이동시키고 이스라엘 백성들을 Trace하고 말한다.

"모세는 이스라엘 백성들에게 하나님이 일러준 말씀을 전했어요."

장막 털실을 정리하고 모세와 이스라엘 백성들을 시내 산을 향하도록 이동시키고 경계선을 시내 산 주위에 둘러 놓는다. 시내 산을 Trace하면서 말한다.

"셋째 날에 시내 산에는 번개와 천둥이 치고 구름이 가득했어요."

모세와 이스라엘 백성들을 경계선 앞으로 이동시키고 시내 산을 잡고 흔든다. 잠시 침묵하고 말한다.

"하나님은 불 가운데서 시내 산으로 내려 왔어요. 산에는 연기가 가득하고 산이 크게 흔들렸어요. 나팔소리도 울려 퍼졌어요."

산을 잡고 흔든다. 이스라엘 백성들을 Trace하고 산을 향해 엎드려 놓는다.

"이스라엘 백성들은 너무 놀라 하나님을 경배했어요. 그들은 거룩하신 하나님이 산에 계신다는 것을 알았어요."

모세를 만지고 산으로 이동시키고 말한다.

"하나님은 모세를 산으로 불렀지요. 그리고 이스라엘 백성들이 하나님에 대해 알고 믿어야 할 것과 지켜야 할 것이 무엇인지 말씀하였어요. 하나님은 말씀했어요. 나는 너희를 애굽 나라에서 인도한 너희 하나님이다."

잠시 침묵하고 나서 말한다.

"하나님은 첫 번째로 이스라엘 백성들이 지켜야 할 말씀을 주셨어요. 너는 나 외에 다른 신을 섬기지 말라."

1계명을 시내 산 앞 왼쪽에 놓는다.

"하나님은 두 번째로 이스라엘 백성들이 지켜야 할 말씀을 주셨어요. 날아다니는 것이나 걸어 다니는 것이나, 크기와 모양과 모습이 어떠하든지 신상들을 새겨 만들지 말라. 그것들에게 절하거나 섬기지 말라."

2계명을 시내 산 앞 왼쪽 1계명 앞에 놓는다.

"하나님은 세 번째로 이스라엘 백성들이 지켜야 할 말씀을 주셨어요. 너희 하나님의 이름을 함부로 부르지 말라."

3계명을 시내 산 앞 왼쪽 2계명 앞에 놓는다.

"하나님은 네 번째로 이스라엘 백성들이 지켜야 할 말씀을 주셨어요. 안식일을 기억하여 거룩하게 지켜라."

4계명을 시내 산 앞 왼쪽 3계명 앞에 놓는다.

시내산 맨 왼쪽 앞에 1-4 숫자가 쓰인 돌 판을 놓는다.

"하나님은 다섯 번째로 이스라엘 백성들이 지켜야 할 말씀을 주셨어요. 너희 아버지와 어머니를 잘 섬겨라."

5계명을 시내 산 앞 오른쪽에 놓는다.

"하나님은 여섯 번째로 이스라엘 백성들이 지켜야 할 말씀을 주셨어요. 사람을 죽이지 말아라."

6계명을 시내 산 앞 오른쪽 5계명 앞에 놓는다.

"하나님은 일곱 번째로 이스라엘 백성들이 지켜야 할 말씀을 주셨어요. 간음하지 말라."

7계명을 시내 산 앞 오른쪽 6계명 앞에 놓는다.

"하나님은 여덟 번째로 이스라엘 백성들이 지켜야 할 말씀을 주셨어요. 도둑질하지 말라."

8계명을 시내 산 앞 오른쪽 7계명 앞에 놓는다.

"하나님은 아홉 번째로 이스라엘 백성들이 지켜야 할 말씀을 주셨어요. 너희 이웃에 대해 거짓말하지 말아라."

9계명을 시내 산 앞 오른쪽 8계명 앞에 놓는다.

"하나님은 열 번째로 이스라엘 백성들이 지켜야 할 말씀을 주셨어요. 네 이웃의 집이나 물건을 욕심내지 말아라."

10계명을 시내 산 앞 오른쪽 9계명 앞에 놓는다.

시내산 맨 오른쪽 앞에 5-10 숫자가 쓰인 돌 판을 놓는다.

잠시 멈추고 나서 10계명을 Trace하고 나서 말한다.

"이것을 우리는 10계명이라고 말해요. 하나님은 이스라엘 백성들이 하나님을 알고 지켜야 할 10가지 약속을 주었어요."

이스라엘 백성들을 Trace하고 나서 말한다.

"이스라엘은 거룩하신 하나님의 백성들이어요. 하나님은 그들에게 10계명을 주었지요. 10계명은 이스라엘 백성들이 믿고 순종해야 하는 거룩하신 하나님이 주신 약속의 말씀이에요."

교사는 잠시 묵상의 시간을 가지고 교리 질문을 한다.

★ 교리질문:

A) 왜 하나님은 이스라엘 백성들이 산에 오르지 못하게 했을까요?

B) 이스라엘 백성들은 하나님을 만나기 위해 어떤 준비를 했나요?

C) 왜 하나님은 시내 산에서 구름, 연기, 불 가운데서 이스라엘 백성들에게 나타났나요?

D) 왜 하나님은 모세와 이스라엘 백성들에게 10계명을 주었나요?

E) 지금은 하나님이 우리에게 무엇으로 말씀하시나요?

F) 하나님의 말씀을 우리는 어떤 태도와 자세로 읽어야 하나요?

★ 교리찬양:

생명의 떡

작사: 박용윤
작곡: 박용윤

★ 교리찬양:

성경책

작사: 박용윤
작곡: 박용윤

하나님의귀 한 말씀은   아름답고재미있는 그 림 책
하나님의귀 한 말씀은   아름답고재미있는 그 림 책

한 쪽 두 쪽 넘 기면서   그 려봅 시 다
한 권 두 권 넘 기면서   공 부합 시 다

노 아의큰 배는 떠 있 고   아롱다롱무 지개 빛 나 고
여 호수아 군대 모 여 서   따따따따나 팔을 불 며 는

감람나무우거 진 숲 에 는   비들기가노 네 요
마귀들은무서 워 하네요   벌벌떨고있 네 요

★ 관련 삭업 활동(Art Material):

1. **활동제목:** 하나님 아버지의 편지

2. **관련성구:**

   "모든 성경은 하나님의 감동으로 된 것으로 교훈과 책망과 바르게 함과 의로 교육하기에 유익하니"(딤후 3:16)

3. **활동목표:**

   ① 성경이 하나님의 뜻을 담은 책이라는 것을 안다.

   ② 하나님의 뜻에 합당하게 사는 것이 하나님께 영광 돌리는 것임을 안다.

4. **활동영역:** 지

5. **활동유형:** 문학, 예술

6. **활동자료:** 부모님 편지, 성경책, 두꺼운 도화지나 색지, 가위, 풀, 펜

7. **활동초점:** 부모님의 마음이 담긴 편지를 통하여 성경이 하나님의 마음을 담은 책이라는 것을 알며 성경말씀을 통하여 하나님의 마음과 뜻을 알고 그에 합당하게 살 때 하나님께 영광을 돌리는 것임을 아는데 초점을 둔다.

8. **활동방법:**

   1) 도입

   ① 교사는 활동 전에 각 가정의 부모들에게 유아들에게 바라거나 마음을 전하는 뜻이 담긴 편지를 써 보내도록 전달하여 준비한다.

   ② 교사와 유아는 함께 편지에 대해 이야기 한다. 유아 중 몇 명이 자신의 부모님 편지의 내용을 이야기하도록 한다.

2) 전개

① 교사는 유아의 부모가 뜻과 마음을 담아서 보낸 편지처럼 하나님 아버지께서 자녀 된 우리들에게 보낸 책이 있다는 것을 말해주고 무엇인지 물어본다.

② 교사는 유아의 대답을 들으며 성경은 하나님께서 우리들에게 주신 하나님의 마음과 뜻이 담긴 책이라는 것과 성경은 우리가 하나님의 영광을 위하여 어떻게 살아야 하는지에 대해 쓰여 있다는 것에 대해 말한다.

③ 교사는 어린이용 성경과 어른용 성경을 비치해두고 요한복음 13장 34절(서로 사랑하라), 빌립보서 4장 8절(행해야 할 것들)과 같이 하나님이 우리에게 어떻게 살아야 하는지를 가르쳐 주는 말씀을 읽어주고 이야기 나눈다.

④ 교사는 유아가 가장 좋아하는 말씀을 쓴 소책자 성경책 같이 만든다.

3) 마무리

① 교사는 왜 유아가 그 말씀으로 소책자를 만들었는지 나와서 발표해 보도록 한다.

9. 활동평가:

① 유아는 성경이 하나님 말씀으로 하나님의 마음과 뜻이 담긴 책인지 아는가?

② 유아는 하나님의 뜻을 따라 사는 것과 하나님께 영광을 돌리는 것이 무엇인지를 아는가?

1. **활동제목**: 하나님 말씀이 들리나요?

2. **관련성구**:

    "사무엘이 이르되 여호와께서 번제와 다른 제사를 그의 목소리를 청종하는 것을 좋아하심 같이 좋아하시겠나이까 순종이 제사보다 낫고 듣는 것이 숫양의 기름보다 나으니"(삼상 15:22)

3. **활동목표**:

    ① 하나님의 말씀에 대한 올바른 태도인 경청을 경험한다.

4. **활동영역**: 정

5. **활동유형**: 신체

6. **활동자료**: 청진기, 병원놀이 도구, 경청하지 않는 모습의 영상자료,

7. **활동초점**: 청진기 놀이를 통해 소리를 잘 듣는 것이 중요하며 경청의 태도에 따라 사람의 관계가 달라진다는 것을 알고 하나님의 말씀을 듣는 태도에 따라 하나님 마음을 어떻게 느끼는지를 경험하는데 초점을 둔다.

8. **활동방법**:

    1) 도입

    ① 교사는 청진기와 병원놀이 도구를 준비한다. 교사는 청진기가 환자의 내장기관에서 나는 소리를 잘 듣기 위해 사용하는 도구라는 것을 알려준다.

    ② 유아들은 준비된 병원놀이 도구를 사용하여 병원놀이를 한다.

2) 전개

① 교사와 유아는 모여 병원놀이 활동에 대한 이야기를 나눈다.

② 교사는 대화를 할 때 잘 듣지 않는 사람의 영상자료를 보여주고, 우리가 이야기를 할 때 말하는 사람의 이야기를 잘 듣지 않으면 말하는 사람의 마음이 어떨지, 말하는 사람의 관계가 어떻게 될지 질문한다.

③ 교사는 유아에게 하나님이 주신 말씀을 잘 읽고 듣지 않으면 하나님 마음이 어떨지, 하나님과 우리 관계가 어떻게 될지 질문한다.

④ 유아의 듣지 않는 태도에 대해 하나님이 어떤 말씀을 하실지 생각해보고, 하나님의 말씀에 대한 우리의 태도인 경청을 이해하기 위해 경청게임을 한다(경청게임은 팀을 나누어 각 팀에 같은 문장의 말을 귓속말로 전달하는 게임이다. 마지막으로 들은 유아가 들은 말을 말하도록 하는 듣는 활동이다).

3) 마무리

① 경청 게임을 한 후에 유아들이 서로의 느낌을 이야기해 보도록 한다.

9. 활동평가:

① 유아는 경청의 중요성과 바른 태도에 대해 알았는가?

② 유아는 하나님 말씀을 경청할 때 하나님 마음이 어떠하실지 잘 알아 바른 경청에 대한 태도와 마음가짐을 가지고 있는가?

1. **활동제목:** 말씀에 순종해요

2. **관련성구:**

"네가 네 하나님 여호와의 말씀을 삼가 듣고 내가 오늘 네게 명령하는 그의 모든 명령을 지켜 행하면 네 하나님 여호와께서 너를 세계 모든 민족 위에 뛰어나게 하실 것이라. 네가 네 하나님 여호와의 말씀을 청종하면 이 모든 복이 네게 임하며 네게 이르리니"(신 28:1-2)

3. **활동목표:**

① 하나님 말씀에 믿음과 순종으로 반응하게 한다.

4. **활동영역:** 의

5. **활동유형:** 이야기 나누기, 신체

6. **활동자료:** 1계명 교구, 성경책, 다양한 말씀 명령카드,

7. **활동초점:** 성경이 하나님 말씀이며 유아가 듣고 따라야 할 책임을 알도록 하며 십계명 중 제1계명을 통해 하나님과 다른 신과의 차이를 알고 하나님만이 참 신이심을 알도록 하는 데 초점을 둔다.

8. **활동방법:**

1) 도입

① 교구활동에서 다루었던 십계명을 기억하도록 해 본다.

② 1계명인 '너는 나 외에 다른 신을 섬기지 말라는 계명'을 가지고, 교사는 유아들과 이야기를 나눈다.

2) 전개

① 교사는 "친구들은 하나님 말고 다른 신을 믿은 적이 있나요?" "하나님이 아닌 다른 신을 믿는다는 것은 무슨 뜻일까요?"라고 질문한다.

② 교사는 신은 모든 것을 다 알고 무엇이든지 다 할 수 있는 완전한 존재임을 말하고, 섬긴다는 것은 그런 신을 사랑하여 복종하고 따른다는 것임을 설명한다.

③ 교사는 우리가 하나님만 섬겨야 한다는 말씀을 하나님께서 성경에 기록해 놓으셨다는 것을 알려주고, 성경책에서 1계명을 읽어준다. 교사는 "그러면 1계명은 우리가 어떻게 행할 것을 보여주나요?"라고 질문한다.

④ 유아들이 하나님보다 더 좋아하는 것이나 원하는 것, 하나님께 예배하는 것보다 더 좋아하는 것이 있는지 생각해 보도록 한다. 하나님만 사랑하고 섬기겠다는 다짐을 한 후에 그런 다짐이 생활 안에서 어떻게 적용될 수 있을지 이야기 나눈다.

⑤ 교사는 유아가 적용 방법대로 실천하게 하고 다음날 모임에서 발표하도록 한다.

⑥ 교사는 어린이용 성경을 함께 읽은 후 그날 말씀을 어떻게 행할 것인지 이야기 나누고 실천하도록 한다.

3) 마무리

① 교실 한 곳에 순종코너를 만들어 놓는다. 순종코너에 말씀 명령카드를 두고 유아 2명이 들어가도록 한다. 한 유아는 명령카드를 읽고 다른 유아는 명령카드 말씀을 실천하는 역할을 주어 활동 시간에 행하도록 한다. 말씀 명령카드는 '네 이웃을 네 몸과 같이 사랑하라' 등 유아들이 구체적인 활동으로 행할 수 있는 내용의 말씀을 적어 놓는다.

9. **활동평가:**

① 유아는 성경이 하나님 말씀이고 순종함으로 따라야 하다는 것을 알았는가?

② 유아는 하나님만이 참 신이시며 우리가 섬겨야 할 유일한 대상임을 알았는가?

세 번째 교리 이야기

유일하신 하나님.

모세가 밀헸습니다. "주님, 제발 주님의 영광을 보여 주십시오." 여호와께서 대답하셨습니다. "내가 나의 모든 은총을 네 앞에 지나가게 하겠다. 그리고 네 앞에서 나 여호와의 이름을 선포할 것이다. 나는 은혜를 베풀 사람에게 은혜를 베풀고, 자비를 베풀 사람에게 자비를 베풀 것이다. 그러나 너는 내 얼굴을 볼 수 없을 것이다. 왜냐하면 나를 보고도 살 수 있는 사람은 아무도 없기 때문이다." 여호와께서 말씀을 계속하셨습니다. "모세야, 나에게서 가까운 곳의 바위 위에 서 있어라. 나의 영광이 그 곳을 지나갈 때에 너를 그 바위 틈에 넣고 내가 다 지나갈 때까지 너를 내 손으로 가릴 것이다. 그런 다음에 내 손을 치우면 너는 내 등은 볼 수 있지만 내 얼굴은 볼 수 없을 것이다." (쉬운 성경 출애굽기 33장 18절-23절)

여호와께서 모세에게 말씀하셨습니다. "처음 것과 같은 돌판 두 개를 깎아라. 네가 깨뜨려 버린 처음 돌판에 썼던 것과 똑같은 글을 거기에 써 주겠다. 내일 아침까지 준비한 다음 아침에 시내 산으로 올라와서 산꼭대기에서 내 앞에 서라. 아무도 너를 따라오지 못하게 하여라. 산에 그 누구의 모습도 보이면 안 된다. 산 근처에서는 양이나 소에게도 풀을 뜯게 하지 마라." 모세는 처음 것과 같은 돌판 두 개를 깎았습니다. 그리고 이튿날 아침 일찍 일어나 시내 산으로 올라갔습니다. 모세는 여호와께서 명령하신 대로 했습니다. 모세는 돌판 두 개를 가지고 올라갔습니다. 그러자 여호와께서 구름 속으로 내려오셔서 모세와 함께 서셨습니다. 그리고 여호와라는 이름을 선포하셨습니다. 여호와께서 모세 앞을 지나가시며 말씀하셨습니다. "나는 여호와이다. 여호와는 자비롭고 은혜로운 하나님이다. 나는 그리 쉽게 노하지 않으며 사랑과 진실이 큰 하나님이다. 나는 수천 대에 이르기까지 한결같은 사랑을 베풀며 잘못과 허물과 죄를 용서할 것이다. 하지만 죄를 그냥 보고 넘기지는 않겠다. 나는 죄를 지은 사람뿐만 아니라, 그의 삼대나 사대 자손에게까지 벌을 내릴 것이다." 모세는 급히 엎드려 절을 했습니다. 모세가 말했습니다. "주님, 제가 주님께 은혜를 입었다면 저희와 함께 가 주십시오. 비록 이 백성은 고집이 센 백성이지만 저희의 잘못과 죄를 용서해 주십시오. 저희를 주님의 백성으로 삼아 주십시오." (쉬운 성경 출애굽기 34장 1절-9절)

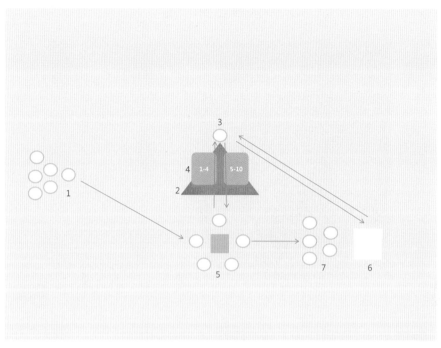

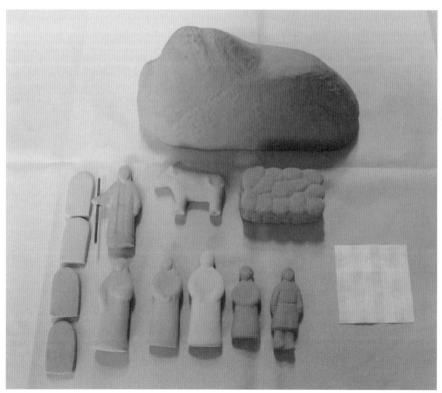

유일하신 하나님

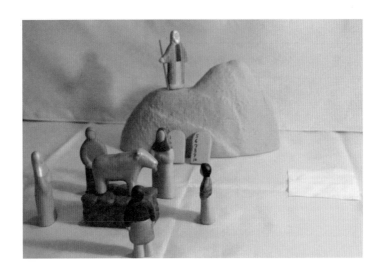

★ 나이:

   A) 4-7세

★ 자료출처:

   A) 소요리 문답 4문, 5문

   B) 출32장-출34:1-9

★ 교회력:

   A) 특별한 시기 없음

★ 영적 필요조건:

   A) 유아가 하나님의 성품과 속성을 알고 싶은 마음을 가질 때 제시

★ 제시 필요조건:

   A) 웨스트민스터 소요리 문답 순서에 맞춤

★ 교리문답:

   4문: 하나님은 어떤 분이십니까?

      하나님은 신이십니다. 그분의 존재와 지혜와 권능과 거룩하심과 의로우심과 선하심과 인자하심과 진실하심은 무한하시며 무궁하시며 불변하십니다.

5문: 하나님은 한 분 외에 다른 하나님이 있습니까?

    오직 한 분 하나님 살아계시고 참되신 하나님만 계십니다.

★ 신학적 관점:

하나님은 모세를 통해 이스라엘 백성을 애굽에서 놀라운 기적과 능력으로 출 애굽하여 가나안 땅으로 인도하신다. 이는 신실하신 하나님이 430년 전에 아브라함과 맺었던 언약의 수행이었다. 그러나 이스라엘 백성은 거룩한 성민으로서 가나안 땅을 받을 수 있는 준비가 안되어 있었다. 하나님은 시내산으로 이스라엘 백성들을 인도하여 어떻게 하나님을 섬겨야 되는지를 알 수 있는 말씀을 주신다. 그러나 이스라엘 백성들은 모세가 40일을 시내산에 머무는 동안 마음이 부패하여 우상숭배에 빠진다. 하나님은 진노하였고 모세가 산에서 내려와 보았을 때 이들은 영적으로 교만하였다. 이스라엘은 거룩하신 하나님과 동행할 준비가 안되어 있었다. 레위인들이 이스라엘 진에서 백성들의 악을 제한다. 레위인은 우상숭배에 빠져 있는 동족과 형제를 쳐서 여호와의 진노를 그치게 한다. 죄의 유혹은 달콤하지만 죄의 결과는 큰 상처와 고통을 남긴다. 이스라엘은 모세의 중재로 하나님의 용납을 받지만 죄의 유혹은 언제나 도사리고 있었다. 모세는 하나님과 관계를 맺음으로 하나님 영광을 더 알기 원한다. 하나님은 모세에게 자신의 영광의 흔적을 보여주신다. 인간의 타락한 본성은 하나님을 온전히 대면할 수가 없다. 모세는 하나님을 인격적으로 알기를 원하였고 하나님은 모세의 소원을 들어준다. 모세가 바위 틈에서 들었던 하나님 영광의 선포는 유일하신 하나님, 은혜와 자비가 풍성하신 하나님, 인자와 진실이 큰 하나님이었다. 모세가 보았던 것은 하나님의 관계적이며 도덕적인 성품과 거룩한 속성이었다. 모세가 들었던 것은 거룩, 인자, 긍휼, 은혜, 진실하심이 영원 무한 불변하는 유일하신 하나님 영광의 선포였다!!

★ 직접 목적:

하나님의 성품과 속성이 어떠한지를 이해 한다.

유일하고 참되신 하나님은 오직 한 분뿐임을 안다.

★ 간접 목적:

하나님과 인간이 공유하는 덕목 함양(자비, 긍휼, 인자, 진실, 공의).

★ 교리 교구들:

교리이야기 상자, 교리이야기 펠트, 모세, 이스라엘 백성들(어른3, 아이2), 시내산, 제단, 금송아지, 회막(직사각형의 흰색 천), 두 돌판(1-4, 5-10 숫자가 쓰여있는 것), 두 돌판(아무것도 쓰여 있지 않음).

★ 교리 이야기:

유아들이 원을 그리고 앉으면 교사는 '교리교육 이야기'가 있는 선반으로 가서 **"살아계시는 하나님"** 교리 이야기가 들어 있는 상자와 성경을 가져온다. 교사는 교구를 앞에 놓고 잠시 묵상의 시간을 가지고 성경을 만지면서 말씀이 형성되면 이야기 한다.

"하나님은 우리에게 너무나 많고 큰 선물들을 주셨어요. 그 중에서 하나님에 대해 바로 알 수 있도록 주신 선물이 성경이에요. 성경은 하나님과 우리를 진실하게 알게 하는 책이에요. 성경은 하나님이 많은 사람들을 감동시키셔서 오랫동안 쓰도록 하신 하나님의 책이에요. 이러한 성경을 전체적으로 알 수 있도록 해주는 것이 교리입니다. 교리는 하나님과 우리에 대해 명확하게 알게 해줘요. 이 상자에는 하나님이 어떤 분이고 그분의 성품이 어떠한지 알려주는 이야기가 들어 있어요"

상자를 조심스럽게 열어 교리 이야기 펠트를 꺼내 Trace 하고 나서 말한다.

"하나님은 애굽 나라의 노예로 살았던 이스라엘 백성을 놀라운 능력으로 나오게 하였어요."

모세를 놓고 그 뒤에 이스라엘 백성 모형들을 펠트 왼쪽에 차례대로 놓는다.

"하나님은 모세를 통해 이스라엘 백성들을 시내산으로 인도하였지요."

펠트 중앙에 시내산을 놓고 모세와 이스라엘 백성을 시내산 앞으로 이동시킨다. 모세를 만지면서 시내산으로 이동하여 엎드려 놓고 말한다.

"하나님은 모세를 시내산으로 부르시고 이스라엘이 하나님의 백성으로 어떻게 살아가야 하는지 말씀을 주었지요. 하나님은 직접 두 돌 판에 언약의 말씀을 써서 모세에게 주었어요. 우리는 이것을 십계명이라 불러요."

모세 앞에 두 개의 돌 판을 놓는다. 잠시 침묵하고 나서 모세를 가리키면서 말한다.

"모세가 시내산에서 하나님의 말씀을 받는 동안 이스라엘 백성들에게는 슬프고 못된 일이 일어났어요."

이스라엘 백성들을 Trace하면서 원을 만들어 놓는다. 가운데 제단과 금송아지를 놓는다.

"이스라엘 백성들은 마음이 나빠져 참되신 하나님 대신 금송아지를 만들어 자신들을 인도한 신이라고 말했어요."

이스라엘 백성들을 잡고 춤추듯 움직이면서 놓는다. 사람들의 방향을 제각기 놓는다. 잠시 침묵하고 나서 말한다.

"하나님은 이스라엘 백성들을 보면서 마음이 아팠고 노하였지요."

모세를 움직여 이스라엘 백성들이 있는 곳으로 이동시킨다.

"모세도 이스라엘 백성들이 금송아지를 섬기는 모습을 보고 마음이 아팠어요. 그리고 분노했어요. 모세는 화가 나서 하나님이 주신 두 돌 판을 깨뜨리고 금송아지를 없애버렸어요. 그리고 우상을 섬긴 이스라엘 백성들은 하나님께 벌을 받았지요."

두 돌판, 제단, 금송아지, 이스라엘 백성 모형 하나를 상자 안으로 정리한다. 잠시 침묵하고 나서 모세를 가리키고 말한다.

"모세는 슬펐어요. 모세는 다시 시내 산으로 가서 이스라엘 백성을 대신하여 하나님께 용서를 구했어요.

모세를 시내산으로 이동시키고 엎드려 놓고 만지면서 말한다.

"이스라엘 백성들이 하나님께 큰 죄를 지었습니다. 우리들의 죄를 용서해 주세요."

"하나님은 모세의 기도를 들으시고 이스라엘 백성을 용서해 주었지요. 그리고 말씀했어요. 내가 너희를 젖과 꿀이 흐르는 풍요로운 가나안 땅으로 인도하겠다. 그러나 나는 너희와 함께 가지 않을 것이다."

이스라엘 백성을 Trace하면서 시내산을 향해 엎드려 놓고 말한다.

"이스라엘 백성들은 슬펐어요. 백성들은 죄를 회개했지요."

시내산 오른쪽에 희막(직사각형 흰색 천)을 놓고 이스라엘 백성들을 그곳으로 돌려 놓고 희막과 모세를 만지면서 말한다.

"모세는 하나님을 만나기 위해 회막을 세우고 이곳에서 하나님을 만났어요. 모세가 이곳에서 하나님을 만날 때 이스라엘 백성들은 하나님을 경배했지요."

이스라엘 백성들을 회막을 향해 엎드려 놓는다. 모세를 회막으로 이동시켜 엎드려 놓고 말한다.

"모세는 하나님께 소원이 있었어요. 하나님 제가 하나님께 은혜를 입고 하나님이 저를 아시면 저에게 하나님의 영광을 보여주세요."

회막을 Trace하면서 말한다.

"하나님은 말했어요. 너는 내 얼굴을 보지 못할 것이다. 사람이 나를 보면 살수 없다."

잠시 침묵하고 나서 모세를 만지면서 말한다.

"모세야! 나의 가까운 곳에 있어라. 나의 영광이 지나갈 때 내가 너를 손으로 가리고 있다가 손을 거둘 때 너는 나의 등을 볼 것이다. 너는 돌을 깎아 두 개의 돌 판을 만들어 가져와라"

시내산으로 모세와 두 개의 돌 판을 이동시켜 모세를 엎드려 놓고 앞에 돌 판을 놓는다. 잠시 침묵하고 나서 말한다.

"모세는 하나님의 말씀에 순종했어요."

교사는 모세를 일으켜 세우고 두 손으로 감싸 놓고 말한다.

"하나님은 모세 앞으로 지나가면서 말씀했지요. 나는 하나님이다. 여호와는 자비롭고 은혜로운 하나님이다. 여호와는 오래 참으시며 사랑과 진실이 큰 하나님이다. 나는 수천 대까지 사랑을 베풀고 죄를 용서할 것이다. 그러나 죄를 그냥 넘어가지 않고 죄를 지은 사람은 삼, 사대까지 벌을 받을 것이다."

모세를 엎드려 놓고 말한다.

"모세는 하나님이 누구신지 알게 되었어요. 하나님 제가 은혜를 입었으면 저희와 함께 해주세요. 고집 센 백성이지만 저희 잘못과 죄를 용서해 주시고 저희를 하나님의 백성으로 삼아주세요."

잠시 침묵하고 나서 말한다.

"하나님은 다시 모세와 이스라엘 백성들을 용서하시고 약속의 말씀을 주었어요. 나의 말을 듣고 지키면 너희가 복을 받을 것이다."

교사는 잠시 묵상의 시간을 가지고 교리 질문을 한다.

★ 교리질문:

A) 왜 하나님은 모세를 시내산으로 불러 말씀을 주셨나요?

B) 모세가 시내산에서 하나님을 만나고 있을 때 이스라엘 백성들이 행한 일은 무엇인가요?

C) 이스라엘 백성들이 금송아지를 만들었을 때 하나님의 마음은 어땠을까요?

D) 모세가 하나님께 원했던 것은 무엇인가요?

E) 왜 사람은 하나님의 얼굴을 보지 못할까요?

F) 모세가 바위 틈에서 들은 하나님은 어떤 분인가요?

G) 여러분들이 아는 하나님은 어떤 분인가요?

★ 교리찬양:

★ 교리찬양:

유일하신 하나님
Worship

작사: 박용윤
작곡: 박용윤

★ 관련 작업 활동(Art Material):

1. **활동제목**: 하나님 말씀 팝업 북 만들기

2. **관련성구**:

"이스라엘아 들으라 우리 하나님 여호와는 오직 유일한 여호와이시니 너는 마음을 다하고 뜻을 다하고 힘을 다하여 네 하나님 여호와를 사랑하라"(신 6:4-5)

3. **활동목표**:

① 유일하신 하나님만 섬기라는 십계명 말씀을 이해한다.

4. **활동영역**: 지

5. **활동유형**: 이야기 나누기, 표현

6. **활동자료**: 성경책, 도화지, 싸인펜, 색연필, 풀, 가위, 양면테이프 등(팝업북 만들기 재료), 모세가 말씀을 받는 그림이나 사진

7. **활동초점**: 십계명의 제 1,2계명을 통하여 하나님은 우리가 섬겨야 할 유일하신 하나님이심을 알고 팝업 북 활동을 통해 하나님 말씀을 행하고 전할 수 있도록 하는데 초점을 둔다.

8. **활동방법**:

1) 도입

① 하나님께서 모세를 시내산으로 부르시고 이스라엘을 하나님의 백성으로 바르게 살아가도록 두 돌 판에 말씀을 써서 주신 내용을 유아들과 같이 이야기 나눈다.

2) 전개

① 하나님이 주신 언약의 말씀 중 1, 2계명을 가지고 팝업 북을 만들어 본다.

② 안쪽 면에 모세가 시내산에서 하나님께로부터 말씀을 받는 그림을 붙인다.

③ 1, 2계명의 말씀을 쓴 돌 판을 만들고 안쪽 면에 돌판 밑부분을 부착하여 책을 펼치면 돌 판이 올라오게 만든다.

④ 앞과 겉 표지를 유아들이 자유롭게 꾸밀 수 있도록 한다.

 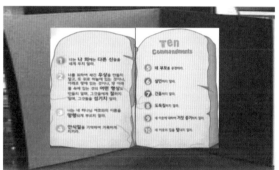

3) 마무리

① 자기가 만든 십계명 책을 보고 하나님이 주신 말씀을 실천해 보고 친구들에게 책을 소개해 본다.

9. 활동평가:

① 십계명의 제 1,2계명을 통하여 유아는 하나님이 유일하신 하나님이심을 알았는가?

② 유아는 유일하신 하나님을 어떻게 섬겨야 하는지 알았는가?

1. **활동제목:** 어디에나 계신 하나님

2. **관련성구:**

"나의 모든 길과 내가 눕는 것을 살펴보셨으므로 나의 모든 행위를 익히 아시오니"(시 139:3)

3. **활동목표:**

① 하나님은 모든 장소와 시간(과거, 현재, 미래)에 계시는 분이심을 경험한다.

② 하나님은 세계 모든 곳의 사람들의 기도에 응답하는 하나님임을 이해한다.

4. **활동영역:** 정

5. **활동유형:** 신체, 예술

6. **활동자료:** 지구본, 빨강, 파랑, 노랑, 검정, 초록 물감이나 한지, 다양한 친구 모습의 사진이나 막대인형

7. **활동초점:** 지구본 활동을 통해 하나님은 언제 어디서나 우리와 항상 함께 하시는 분임을 알고 세계의 다양한 친구들을 만나는 역할 놀이를 통하여 모든 친구들의 기도에 응답하시는 하나님을 경험하는데 초점을 둔다.

8. **활동방법:**

1) 도입

① 교사는 유아에게 무소부재는 '하나님은 모든 장소, 같은 시간에 계시는 분으로 과거, 현재, 미래에 항상 계시는 분임'을 설명해 준다.

2) 전개

① 지구본을 보면서 우리가 살고 있는 곳이 어디인지 찾아보고, 아시아대륙에 있는 대한민국에 우리와 하나님이 함께 하시고, 아프리카에도 하나님이 함께 하신다는 것을 이해할 수 있도록 설명한다.

② 교사는 유아와 함께 교회, 교육기관, 야외놀이터, 가정 등에서 기도를 같이 하고 어느 곳에서 기도하든 하나님은 기도를 들으신다는 것을 이야기해 준다.

③ 스치로폴 공에 파란색 물감을 칠하고 대륙 별(아시아-노랑, 유럽-빨강, 아메리카-파랑, 아프리카-검정, 오세아니아-초록 등)로 붙이고(한지를 붙여도 됨), 자신과 세계 곳곳의 다양한 어린이들의 모습을 그려 작은 막대인형을 만들어 지구본에 붙인다(사진을 이용할 수 있음).

3) 마무리

① 교사는 지구의 대륙 어느 곳에 있든지 하나님이 우리와 함께하신다는 것을 설명하고 세계의 친구들을 만나는 역할 놀이를 통해 그들의 기도제목을 생각해 보고 유아와 함께 기도한다.

9. 활동평가:

① 유아는 하나님이 무소 부재하신 존재임을 알았는가?

② 유아는 하나님이 세계 여러 나라의 어린이의 기도를 들어주시고 응답해 주시는 분이심을 알았는가?

1. **활동제목**: 하나님은 창조자! 나는 디자이너!

2. **관련성구**:

"여호와 하나님이 흙으로 각종 들짐승과 공중의 새를 지으시고 아담이 무엇이라고 부르나 보시려고 그것들을 그에게 이끌어 가시니 아담이 각 생물을 부르는 것이 곧 그 이름이 되었더라"(창 2:19)

3. **활동목표**:

① 창조주 하나님이 만드신 것과 사람이 만든 것이 어떻게 다른지를 이해한다.

② 유아가 하나님이 만드신 재료를 가지고 창조활동을 경험해 본다.

4. **활동영역**: 의

5. **활동유형**: 신체, 감각활동

6. **활동자료**: 자연물과 인공물에 대한 그림이나 사진, 자연물(나뭇잎, 꽃잎, 모래 등), 도화지, 찰흙

7. **활동초점**: 자연물을 통해 하나님이 무한하신 창조주이심을 이해하고 사람은 창조주 하나님이 만드신 재료를 통해서 새로운 것을 만들 수 있는 존재임을 창조활동을 통해 경험하게 하는데 초점을 둔다.

8. **활동방법**:

1) 도입

① 교사는 화이트보드에 자연물과 인공물의 사진이나 그림을 제시한다.

② 재료인 자연물과 사람이 만든 인공물 짝지어 보기 활동을 통해 교사는 인간은 하나님이 창조하신 재료들을 사용하여 새로운 것을 만들 수 있음을 설명한다(예, 그릇은 흙, 가방은 동물 가죽).

2) 전개

① 유아에게 도화지 꾸미기 활동과 찰흙으로 만들기 활동을 선택하게 한다.

② 도화기 꾸미기 활동 유아는 가져온 다양한 자연물을 도화지 위에 풀을 붙여 꾸며본다.

③ 찰흙 활동은 찰흙을 통하여 바구니나 항아리 등 흙으로 만들 수 있는 물건을 만들어 본다.

④ 유아에게 어떤 재료를 가지고 물건이나 꾸미기 활동을 했는지 이야기 하도록 한다.

3) 마무리

① 이야기를 나눈 후 하나님이 만든 것(재료)을 사람이 만들 수 없지만, 사람이 만든 것들을 보고 사람은 하나님이 만든 재료를 이용하여 아름답고 쓸모 있는 새로운 것들을 만들 수 있다는 것을 이야기 나눈다.

9. 활동평가:

① 유아는 무(無)에서 모든 만물을 지으신 분이 하나님이심을 알았는가?

② 유아는 사람도 하나님을 따라 새로운 것을 만들 수 있는데 이것은 하나님이 주신 것을 이용해서만 만들 수 있다는 것을 경험했는가?

네 번째 교리 이야기

세례 받으신 예수님.

그 때, 예수님께서 갈릴리로부터 요단 강에 오셨습니다. 예수님께서는 요한에게 오셔서 세례를 받으려고 하셨습니다. 그러자 요한은 이를 말리면서 말했습니다. "제가 예수님께 세례를 받아야 되는데, 도리어 예수님께서 제게 오셨습니까?" 예수님께서 대답하셨습니다. "지금은 그렇게 하자. 우리가 이와 같이 하여 모든 의를 이루는 것이 옳다." 그제서야 요한이 예수님의 말씀을 따랐습니다. 예수님께서 세례를 받으시고 물 밖으로 나오시자, 하늘이 열렸습니다. 예수님은 하나님의 성령이 비둘기처럼 자신에게 내려오는 것을 보셨습니다. 그 때, 하늘로부터 "이는 내 사랑하는 아들이며, 내가 기뻐하는 아들이다"라는 소리가 들려왔습니다. (쉬운 성경 마태복음 3장 13절-17절)

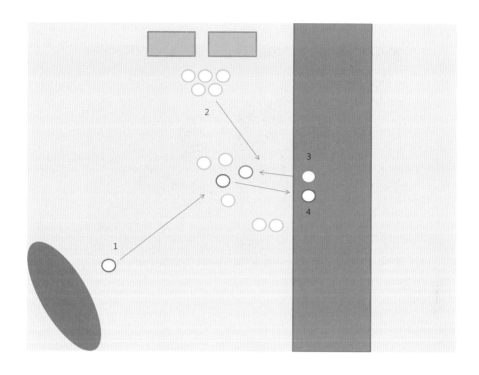

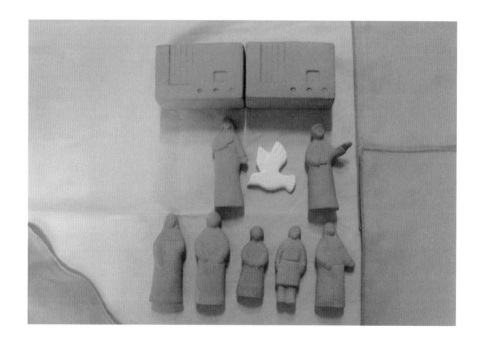

세례 받으신 예수님

★ **나이:**

A) 4-7세

★ **자료출처:**

A) 소요리 문답 6문

B) 마3:13-17, 막1:9-11, 눅3:21-22

★ **교회력:**

A) 특별한 시기 없음

★ **영적 필요조건:**

A) 유아가 참되신 하나님에 대해 알고 싶은 마음을 가질 때 제시

★ **제시 필요조건:**

A) 웨스트민스터 소요리 문답 순서에 맞춤

★ **교리문답:**

6문: 하나님의 신격에는 몇 위가 계십니까?

하나님의 신격에는 성부, 성자, 성령 삼위가 계십니다. 이 삼위는 한 하나님이며 본
질이 동일하고 권능과 영광이 동등하십니다.

★ 신학적 관점:

삼위일체 하나님에 대한 관점은 기독교 신론을 특징짓는 교리이다. 신적인 존재 안에는 유일의 구분할 수 없는 본질이 있으며 이 본질은 세 위격 즉, 개별적인 실체들인 성부, 성자, 성령이 존재한다. 또한 하나님의 나뉘지 않는 본질이 삼위의 각자에 동등하게 속한다. 이러한 삼위의 실존과 활동은 분명히 정해진 순서로 표시 될 수 있으며 삼위는 구별되는 위격적인 속성들을 가지고 있다. 교회는 삼위일체의 교리를 사람의 이해를 초월하는 신비로 고백한다(Berkhof, 1974). 삼위일체라는 이름은 성경에 직접적인 언급은 없지만 신.구약 성경 전반에 걸쳐 나타나고 있다(창1:26, 창11:7, 창16:7-13, 시33:4-6, 사48:16, 눅 1:76-79, 마11:25-26, 요11:41, 마3:16-17, 마28:19, 고전12:4-6, 벧전1:3). 웨스트민스터신앙고백서는 하나님을 유일하신 참되신 하나님으로 말하면서 삼위일체를 다음과 같이 고백한다. "실체와 능력과 영원성에 있어서 동일한 삼위가 단일한 신격으로 있으니, 성부 하나님, 성자 하나님, 성령 하나님이시다. 성부는 아무에게서도 나시지도 않으며 나오시지 않으나 성자는 성부에게서 영원히 나시고 성령은 성부와 성자로부터 영원히 나오신다."(Williamson, 2009). 기독교 신앙고백에서 삼위일체 교리는 교회가 일어서고 넘어질수 있는 교리로 신앙과 신학의 핵심이며 기독교 신앙의 참된 요약이라 할 수 있다(김은수, 2011). 삼위일체 교리는 하나님에 대한 이해와 바른 진리를 아는데 있어서 근간을 이룬다. 그러나 피조물인 인간이 삼위 하나님에 대해 온전히 이해할 수 없는 부분도 인간이 피조물의 위치에서 겸허히 인정해야 할 부분이다.

★ 직접 목적:

하나님은 성부, 성자, 성령 하나님으로 계심을 알게 한다.

삼위 하나님의 본질은 동일하고 권능과 영광이 동일하심을 보여준다.

★ 간접 목적:

삼위일체 하나님의 교제와 교통을 알아 관계 형성의 덕목을 함양(배려, 존중, 사랑, 협력, 화평 등).

★ 교리 교구들:

교리이야기 상자, 교리이야기 펠트, 예수님, 세례 요한, 비둘기, 사람들(5명), 파란색 물펠트(2장), 갈릴리 호수펠트, 마을(2개)

★ 교리 이야기:

유아들이 원을 그리고 앉으면 교사는 '교리교육 이야기'가 있는 선반으로 가서 **"세례 받으신 예수님"** 교리 이야기가 들어 있는 상자와 성경을 가져온다. 교사는 교구를 앞에 놓고 잠시 묵상의 시간을 가지고 성경을 보고 만지면서 말씀이 형성되면 이야기 한다.

"하나님은 우리에게 많은 선물들을 주셨어요. 그 중에 하나님에 대해 바로 알 수 있도록 주신 선물이 성경이에요. 성경은 하나님과 우리를 진실하게 알게 해주는 책이에요. 하나님은 많은 사람들을 감동시키셔서 오랫동안 이 책을 쓰게 하였어요. 이러한 성경 전체를 알 수 있게 해주는 것이 교리입니다. 교리는 하나님과 우리에 대해 명확하게 알게 해줘요. 이 상자에는 하나님이 어떤 분인지를 알려주는 이야기가 들어 있어요"

상자를 조심스럽게 열어 교리 이야기 펠트를 꺼내 펴고 Trace 하고 갈릴리 호수 펠트를 꺼내 왼쪽 아래에 놓고 예수님을 꺼내 옆에 놓고 말한다.

"예수님은 갈릴리에서 요단강으로 가서 세례 요한에게 세례 받기를 원했어요. "

오른쪽에 요단강 펠트와 세례 요한을 놓는다.

세례 요한을 만지면서 말한다.

"요단강에는 백성들을 죄에서 회개시켜 세례를 주는 요한이라는 사람이 있었어요."

오른쪽 위에 마을(2)과 사람들을 놓고 말한다.

"많은 이스라엘 사람들은 요한에게 세례를 받기 위해 요단강으로 갔어요."

백성들을 세례 요한이 있는 곳으로 이동시키고 강 펠트를 걷어 사람을 잠기게 하고 나와 세례 요한 옆에 놓는다(2명까지).

"예수님은 세례 요한이 있는 곳으로 왔어요."

예수님을 갈릴리 펠트에서 천천히 움직여 요단강 펠트가 있는 쪽으로 움직인다.

세례 요한을 가리키면서 말한다.

"세례 요한은 예수님이 자기에게 오는 것을 보았어요. 아니 하나님의 아들이신 예수님이 나에게 오시다니"

"세례 요한은 예수님께로 달려가 그 발 앞에 엎드렸어요."

세례 요한을 예수님이 있는 곳으로 움직이고 엎드려 놓고 요한을 가리키면서 말한다.

"제가 예수님께 세례를 받아야 하는데 예수님이 내게로 오십니까?"

예수님을 만지면서 말한다.

"지금은 이렇게 하여 모든 의를 이루는 것이 합당하다."

요한을 요단강이 있는 곳으로 이동시킨다.

예수님을 요단강 펠트를 갈라 그 속에 넣고 덮는다.

교사는 두 손을 펴고 들어 축복의 제스처를 행한다.

요단강 펠트를 갈라 예수님을 꺼내 세례 요한 옆으로 천천히 이동시키고 말한다.

"이 때 놀라운 일이 벌어졌어요. 예수님이 세례를 받고 올라오는데 하늘이 열리고 하나님의 성령이 비둘기 같이 내려와 예수님 머리 위에 임하였어요."

손으로 하늘을 가르는 제스처를 하면서 비둘기를 예수님의 머리 위로 천천히 내려오게 하여 머물면서 잠시 침묵한다.

교사는 비둘기를 예수님의 머리 위에 머물러 두고 말한다.

"하늘에서는 소리가 들렸지요. 이는 내 사랑하는 아들이요 내가 기뻐하는 아들이다."

비둘기를 손에 쥐고 잠시 침묵하고 나서 예수님을 가리키면서 말한다.

"예수님이 세례를 받으실 때 성령 하나님이 예수님께 내려오셨고 하늘에서는 성부 하나님의 기뻐하시는 말씀이 들렸어요."

교사는 각각 손에 비둘기와 예수님을 만지면서 말한다.

"성부, 성자, 성령 하나님은 예수님이 세례 받는 것을 기뻐하셨어요."

세례 요한을 만지면서 말한다.

"세례 요한은 기뻤어요. 하나님은 전에 세례 요한에게 성령님이 임하시는 분이 하나님의 아들이시고 우리의 죄를 용서하시는 분이라고 말했어요. 세례 요한은 마음으로 고백했어요. 예수님은 우리 죄를 위해 이 땅에 오신 하나님의 아들, 하나님의 어린양입니다. 하나님, 예수님, 성령님 감사합니다!"

교사는 잠시 묵상의 시간을 가지고 교리 질문을 한다.

★ 교리질문:

A) 예수님은 왜 갈릴리에서 요단강으로 세례 요한을 만나러 갔나요?

B) 예수님은 왜 세례 요한에게 세례를 받았나요?

C) 예수님이 세례 받으실 때 어떤 일이 벌어졌나요?

D) 세례 요한은 예수님을 어떤 분으로 알고 믿었나요?

★ 교리찬양:

요단강의 예수님

작사: 박용윤
작곡: 박용윤

빠르지않고 성스럽게

예수님이 요단강에 오 셨 네   요 한 에 게 오 셨 네
예수님이 세례받으 시 었 네   요 단 강 에 오 셔 서

세 례 요 한 예 수 님 께   말 했 네   어 찌 내   게 로 오 셨 습 니 까
성 령 이 비 둘 기 같 이   임 했 네   세 례 받   으 신 예 수 님 에 게

우 리 가 이 와 같 이   하   여   모 든 의 를   이 루 는 것 이
내 사 랑 하 는 아 들   이   요   내 - 기 뻐   하 - 는 자 라

합   당 하 도 다   합   당 하 도 다
사   랑 하 는   자   기   뻐 하 는   자

★ 관련 작업 활동(Art Material):

1. **활동제목:** 삼위일체 클로버

2. **관련성구:**

   "예수께서 세례 받으시고 곧 물에서 올라오실 새 하늘이 열리고 하나님의 성령이 비둘기 같이 내려 자기 위에 임하심을 보시더니 하늘로부터 소리가 있어 말씀하시되 이는 내 사랑하는 아들이요 내 기뻐하는 자라 하시니라"(마 3:16-17)

3. **활동목표:**

   ① 하나님은 본질이 한 분이시고 성부, 성자, 성령의 세 위격을 가지신 분이라는 것을 세 잎 클로버를 통하여 이해한다.

4. **활동영역:** 지

5. **활동유형:** 문학, 이야기 나누기

6. **활동자료:** 3in 1 애플 북, 세 잎 클로버 색지, 십자가, 비둘기, 교회 그림이나 사진

7. **활동초점:** 하나님은 한 분이시고 성부, 성자, 성령의 세 위격을 가지신 분이라는 것을 이해하고 세 잎 클로버를 통해 나뉘지 않는 본질이 삼위의 각자에 동등하게 존재하는 것을 이해하는데 초점을 둔다.

8. **활동방법:**

1) 도입

① 교사는 세례 받으신 예수님 교구활동에서 살펴본 삼위일체 하나님에 대해 같이 이야기를 나눈다.

2) 전개

① 교사는 3in 1 애플 북을 번역하여 읽어주고 유아들이 책 내용을 통하여 삼위일체 하나님에 대하여 이해할 수 있도록 설명을 해 준다.

② 세 잎 클로버 모양의 색지를 주고 성부, 성자, 성령을 상징하는 잎 모양과 상징그림을 붙여 삼위일체 클로버를 꾸며본다(연령에 따라서 삼위일체 하나님에 대해 교사의 설명을 듣고 유아가 그림을 그려볼 수 있다).

③ 그러나 어떤 그림이나 이미지, 상징도 삼위일체 하나님에 대해 완전하게 설명할 수 없다는 것을 교사는 설명해 준다. 하나님이 창조한 우리가 창조주 하나님을 완전히 이해할 수 없다는 것을 알기 쉽게 설명해 준다.

3) 마무리

① 만든 세 잎 클로버를 들고 친구들에게 성부, 성자, 성령 하나님에 대하여 유아가 설명하거나 소개하는 시간을 가진다.

9. 활동평가:

① 하나님은 본질이 한 분이신 것을 유아가 이해했는가?

② 하나님은 성부, 성자, 성령의 삼위 하나님으로 존재한다는 것을 유아가 알았는가?

1. **활동제목**: 색다른 상자

2. **관련성구**:

   "주 예수 그리스도의 은혜와 하나님의 사랑과 성령의 교통하심이 너희 무리와 함께 있을 지어다"(고후 13:13)

3. **활동목표**:

   ① 삼위일체 하나님의 본질이 동일하고 삼위(세 위격)로 존재한다는 것을 정서적으로 경험해 본다.

4. **활동영역**: 정

5. **활동유형**: 예술, 조형

6. **활동자료**: 두꺼운 도화지, 색 시트지,

7. **활동초점**: 삼위일체 하나님의 본질이 동일하고 삼위로 존재한다는 것을 색다른 상자를 만들어 봄으로 이해하는데 초점을 맞춘다.

8. **활동방법**:

   1) 도입

   ① 유아들에게 3면이 각각 빨강, 노랑, 파랑색인 상자블록(정육면체)를 만들어보자고 제안하고 전개도 상태에서 만드는 방법을 소개한다.

2) 전개

① 교사는 상자의 전개도를 주고 유아들은 전개도를 오리고 정육면체가 되도록 풀칠하여 상자를 만든다.

② 만든 상자에 그림에 보이는 것처럼 꼭지점을 공유하는 3개의 면에 빨강, 노랑, 파랑 색의 색지나 시트지를 붙인다.

③ 교사는 유아들에게 이 상자가 빨강, 노랑, 파랑 상자인지 질문한다.

④ 이 상자는 빨강(성부 하나님)과 노랑(성자 하나님)과 파랑 색(성령 하나님)의 3가지 다른 색을 가졌지만 하나의 상자인 것처럼 각각의 색은 모두 다를 뿐 색이라는 차원에서 모두 동등하다는 개념을 이야기하면서 하나님이 한 분이시며 세 위격으로 존재하심을 이야기 나눈다.

3) 마무리

① 교사는 유아들에게 성부, 성자, 성령 하나님이 한 분 하나님이시지만 세 위격의 하나님은 각각 다른 일을 하신다는 것을 이야기 나눈다.

9. **활동평가:**

① 삼위일체 하나님의 본질이 동일하다는 것을 경험적으로 알았는가?

② 삼위의 하나님으로 존재한다는 것을 유아들이 활동을 통해 경험했는가?

1. **활동제목**: 함께 협력해요.

2. **관련성구**:

"그러므로 너희는 가서 모든 민족을 제자로 삼아 아버지와 아들과 성령의 이름으로 세례를 베풀고"(마 28:19)

3. **활동목표**:

① 삼위일체 하나님께서 예수님의 세례 받으심에 함께 하셨듯이 우리도 서로 협력하는 관계로 살아가야 함을 인식하고 표현한다.

4. **활동영역**: 의

5. **활동유형**: 신체, 게임

6. **활동자료**: 풍선, 신문지

7. **활동초점**: 삼위일체 하나님께서 협력하여 일을 행하시는 것처럼 우리도 서로 협력하며 살아가는데 초점을 둔다.

8. **활동방법**:

1) 도입

① 협력할 때와 협력하지 않을 때를 설정하여 결과가 어떻게 될지를 예측하고 이야기를 나눈다.

2) 전개

① 유아들을 2팀으로 나눈다.

② 각각의 팀은 두 줄로 서서 짝꿍을 정하여 신문지 위에 풍선을 올려놓고 함께 움직여 풍
선을 떨어뜨리지 않고 반환점을 돌아오는 게임을 한다(이때 2개의 팀 중에 더 많은 풍선
을 떨어뜨리지 않고 오는 팀이 이기는 경쟁게임으로 진행할 수도 있지만 결과를 놓고
경쟁하기 보다는 떨어뜨리지 않고 힘을 합쳐 돌아오는 각 팀을 응원하기 위해서만 팀을
나누고 결과를 비교하지는 않는 것이 좋다).

③ 한 팀이 풍선에 1부터 10까지 숫자를 적어 10개의 풍선을 모두 옮기는 것을 목표로 하
고 다른 팀은 풍선에 10개의 모양이나 알파벳을 적어 모든 풍선을 옮기는 것을 각 팀의
목표로 하여 그것을 달성하는 방법으로 게임을 진행한다.

3) 마무리

① 팀 별로 협력해 풍선을 잘 옮긴 팀과 그렇지 않은 팀에 대해 교사는 유아들과 그 원인이
무엇인지에 대해 이야기를 나누어 본다.

9. 활동평가:

① 삼위일체 하나님께서 서로 협력하는 관계인 것을 활동을 통해 알았는가?

② 우리가 서로 협력하여 살아야 될 것을 활동을 통해 실천하는가?

다섯 번째 교리 이야기

하나님은 요셉을 인도하셨어요1.

여호와께서 아브람에게 말씀하셨습니다. "그 아이는 네 재산을 물려받을 사람이 아니다. 네 몸에서 태어나는 자가 네 재산을 물려받게 될 것이다." 하나님께서 아브람을 밖으로 데리고 나가셔서 말씀하셨습니다. "하늘을 바라보아라. 셀 수 있으면 저 별들을 세어 보아라. 네 자손들도 저 별들처럼 많아지게 될 것이다." 아브람은 여호와의 말씀을 믿었습니다. 그런즉 여호와께서는 이런 아브람의 믿음을 보시고 아브람을 의롭게 여기셨습니다. 하나님께서 아브람에게 말씀하셨습니다. "나는 너를 갈대아 우르에서 인도해 낸 여호와이다. 내가 너를 이끌어 낸 것은 이 땅을 너에게 주기 위해서이다." 아브람이 말했습니다. "주 여호와여, 제가 이 땅을 얻게 될 것을 어떻게 알 수 있겠습니까?" 여호와께서 아브람에게 말씀하셨습니다. "나에게 삼 년 된 암송아지 한 마리와 삼 년 된 암염소 한 마리와 삼 년 된 숫양 한 마리를 가지고 오너라. 그리고 산비둘기 한 마리와 집비둘기 새끼 한 마리도 가지고 오너라." 아브람이 그 모든 것을 주께 가지고 왔습니다. 아브람은 그 동물들을 죽인 다음에 그 몸통을 반으로 갈라 서로 마주 보게 해 놓았습니다. 하지만 새들은 반으로 쪼개지 않았습니다. 솔개가 죽은 동물들을 먹으려고 내려왔습니다. 아브람이 새들을 쫓아 버렸습니다. 해가 지자, 아브람은 깊은 잠에 빠져 들었습니다. 아브람이 잠든 사이에 어두움이 몰려왔으므로, 아브람은 두려움에 빠지게 되었습니다. 그 때에 여호와께서 아브람에게 말씀하셨습니다. "잘 알아 두어라. 네 자손은 나그네가 되어 낯선 땅에서 떠돌게 될 것이다. 그 땅의 사람들이 네 자손을 종으로 삼고 사백 년 동안, 네 자손을 괴롭힐 것이다. 그러나 네 자손을 종으로 삼은 그 나라에 내가 벌을 주리니, 네 자손은 많은 재산을 가지고 그 나라에서 나오게 될 것이다. 아브람아, 너는 오래 살다가 평안히 네 조상에게 돌아갈 것이다. 네 자손은 손자의 손자 때가 되어서야 이 땅으로 다시 돌아오게 될 텐데, 이것은 아모리 사람들의 죄가 아직은 벌을 받을 만큼 크지 않기 때문이다." (쉬운 성경 창세기 15장 4절-16절)

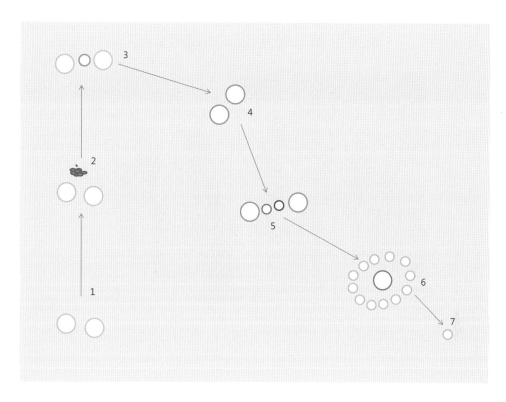

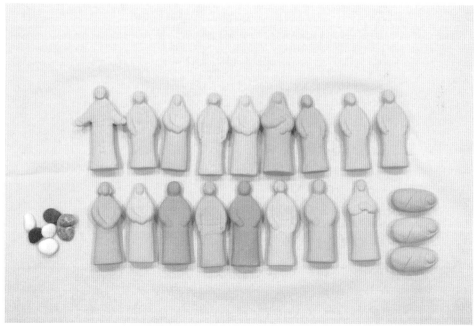

하나님은 요셉을 인도하셨어요 1

★ **나이:**

  A) 4-7세

★ **자료출처:**

  A) 소요리 문답 7문, 8문, 11문

  B) 창37장-47장

★ **교회력:**

  A) 특별한 시기 없음

★ **영적 필요조건:**

  A) 유아가 하나님이 우리를 어떻게 인도하시는 가를 궁금해 할 때 제시

★ **제시 필요조건:**

  A) 웨스트민스터 소요리 문답 순서에 맞춤

★ **교리문답:**

  7문: 하나님의 작정이 무엇입니까?

    하나님의 작정은 그분의 뜻대로 계획하신 영원한 목적입니다. 그 목적을 따라서 하나님께서는 일어나는 모든 일을 자기의 영광을 위하여 미리 정하셨습니다.

8문: 하나님께서 그분의 작정을 어떻게 이루십니까?

하나님께서는 그분의 작정을 창조와 섭리의 일로써 이루십니다.

11문: 하나님께서 섭리하시는 일이 무엇입니까?

하나님께서 섭리하시는 일은 모든 피조물과 그 모든 활동을 가장 거룩하고 지혜롭고 능력 있게 보존하시며 통치하시는 것입니다.

★ 신학적 관점:

우리가 하나님의 속성과 성품을 이해하면 할수록 그분의 뜻과 행하시는 사역의 놀라움을 발견하게 된다. 우주만물의 계시는 창조주 하나님의 속성을 반영하고 있어서 각 학문세계에서의 탐구는 하나님의 속성을 이해하게 만든다. 또한 이를 통해 하나님의 뜻과 행하심에 대한 역사들을 경험함으로 하나님을 경외하고 그분의 영광을 구하는 예배자의 자리로 나가게 만든다. 이러한 위치와 신분이 원래 인간의 자리였다. 그러나 인간 타락은 하나님의 속성과 성품의 발견에 어두운 그림자를 남겼고 인간이 하나님의 뜻과 행하심을 이해하는데 모호한 관점(view)을 가지게 만들었다. 이러한 의미에서 성삼위 하나님은 자연세계의 계시 위에 특별 계시인 성경을 허락하였다. 성경은 하나님의 속성과 성품, 뜻과 행하심을 보다 직접적으로 인간이 이해할 수 있는 방식으로 우리에게 전달한다. 성경은 하나님의 영원하신 뜻과 작정에 대한 이해의 빛을 비춰준다. 하나님의 작정은 영원 전부터 그분이 뜻을 세우시고 계획하신 목적으로 모든 만물의 되어지는 일들을 정하신 것을 말한다. 작정은 오직 그분의 영광만을 위해 존재하는 것으로 우주만물은 하나님의 영광을 드러냄으로 충만해진다. 이러한 그분의 작정을 이루는 방법은 창조와 섭리의 역사이다. 하나님의 작정이 인간에게 적용되었을 때는 예정으로 나타난다. 일부는 선택되어지며 일부는 선택에서 제외된다. 그러나 예정은 우리가 결정하고 판단하는 영역이 아니라 하나님의 작정에 속해있는 부분이다. 피조 세계의 다양한 일들과 되어짐은 하나님의 작정 안에 있으며 창조와 재창조, 우연이 아닌 필연의 방식으로 역사하는 섭리를 통해 이루어진다. 인간이 선악의 영역에서 이해할 수 없는 일들도 하나님의 영원하신 뜻 안에 서는 섭리의 역사로 확정되어진다. 하나님의 섭리는 모든 피조 세계와 활동을 하나님의 불변하시는 성품과 속성을 통해 능력으로 붙들고 계시고 다스리시는 방식을 의미한다. 섭리의 세계는 우연이 없는 필연으로 충만하여 악의 세계도 하나님의 영원하신 선을 이루는 방식이 된다. 하나님의 섭리는 인간의 이성과 이해력으로 온전히 이해할 수 없는 영역으로 하나님의 영광을 피조물의 위치에서 바라보며 경외하는 영역이다. 인간의 자유의지는 하나님의 작정과 예정을 벗어나지 않는다. 인간의 자유의지가 하나님의 작정과 섭리와 충돌하는 것이 아니라 서로 협력하여 하나님의 선을 이룬다.

우리는 이것을 온전히 이해할 수 없다. 창조주 하나님의 뜻을 온전히 이해하지 못하는 존재가 피조물인 인간이기 때문이다. 그러나 감사하고 기뻐하자. 우리 하나님은 영원히 선하시고 그의 택하신 백성에게 영원히 너그러우신 분이시다. 하나님을 기뻐함이 우리의 힘과 능력이 된다!

★ 직접 목적:

하나님이 어떻게 우리를 인도하시는지를 이해한다.

고난과 어려움의 환경에서도 하나님이 인도하고 다스리고 계심을 이해한다.

★ 간접 목적:

하나님의 작정, 예정, 섭리에 대한 덕목 함양을 위해(인내, 오래 참음, 믿음, 소망)

★ 교리 교구들: 시리즈1

교리이야기 상자, 교리이야기 펠트, 아브라함, 사라, 아기이삭(흰색), 이삭, 리브가, 아기에서(빨간색), 아기야곱(흰색), 야곱, 르우벤, 시므온, 레위, 유다, 단, 납달리, 갓, 아셀, 잇사갈, 스불론, 요셉, 베냐민, 돌(7개)

★ 교리 이야기: 첫째 제시

유아들이 원을 그리고 앉으면 교사는 '교리교육 이야기'가 있는 선반으로 가서 **"하나님은 요셉을 인도하셨어요1"** 교리 이야기가 들어 있는 상자와 성경을 가져온다. 교사는 교구를 앞에 놓고 잠시 묵상의 시간을 가지고 성경을 보고 만지면서 말씀이 형성되면 이야기 한다.

"하나님은 우리에게 너무나 많고 큰 선물들을 주셨어요. 그 중에서 하나님에 대해 바로 알 수 있도록 주신 선물이 성경이에요. 성경은 하나님과 우리를 진실하게 알게 하는 책이에요. 성경은 하나님이 많은 사람들을 감동시키셔서 오랫동안 쓰도록 하신 하나님의 책이에요. 이러한 성경을 전체적으로 알 수 있도록 해주는 것이 교리입니다. 교리는 하나님과 우리에 대해 명확하게 알게 해줘요. 여기 이 상자에는 하나님이 하나님을 믿고 순종하는 사람들을 어떻게 인도하셨는지를 보여주는 이야기가 들어 있어요"

상자를 조심스럽게 열어 교리 이야기 펠트를 꺼내 펴고 Trace 하고 나서 아브라함과 사라를 왼쪽 위에 두고 말한다.

"하나님은 아브라함을 부르셔서 말씀했어요. 너는 내가 명령한 곳으로 가라. 내가 너의 자손을 축복하여 하늘의 별과 같이 바다의 모래와 같이 많게 할 것이다."

"아브라함은 믿고 순종하였어요."

아브라함을 아래로 이동시키고 만지면서 말한다.

"하나님은 아브라함에게 너의 자손들이 나그네가 되고 이방 나라에서 400년 동안 노예로 있다가 내가 그 나라에 벌을 주고 나오게 할 것이라고 말했어요. 아브라함은 이곳에서 하나님의 약속을 믿고 예배를 드렸어요."

아브라함을 엎드려 놓고 돌 제단을 쌓는다.

아브라함과 사라를 맨 아래로 이동시킨다. 아브라함과 사라를 만지면서 말한다.

"오랜 시간이 지나서 하나님은 약속대로 아브라함과 사라에게 아들이 태어나도록 하였어요. 그의 이름은 이삭이었지요. 이삭은 웃음이라는 뜻이에요."

아기 이삭을 아브라함과 사라 사이에 놓는다. 잠시 침묵하고 나서 이삭을 가리키면서 말한다.

"이삭은 하나님의 축복을 받으며 무럭무럭 자랐어요."

아브라함, 사라, 아기 이삭을 정리하고 청년 이삭과 리브가를 오른쪽으로 옮겨 놓은 다음 말한다.

"아브라함과 사라가 나이가 많고 이삭이 컸을 때(이삭을 가리키며) 하나님의 인도하심으로 리브가(리브가를 가리키며)라는 여자와 결혼하였어요."

잠시 침묵하고 나서 이삭과 리브가를 위쪽으로 옮겨 놓고 사이에 아기 에서와 야곱을 놓고 나서 말한다.

"하나님은 이삭과 리브가에게 에서와 야곱이라는 쌍둥이 형제가 태어나게 하였지요. 하나님은 이중에서 동생 야곱(야곱을 가리키면서)을 사랑으로 선택하였어요."

잠시 침묵하고 나서 아기 야곱을 만지면서 말한다.

"하나님은 야곱이 성장하도록 하였고 야곱에게 많은 아들을 주었어요."

이삭, 리브가, 아기 야곱을 정리하고 장년 야곱을 놓은 다음 오른쪽으로 이동시켜 놓고 야곱의 아들들을 낳은 순서대로 야곱의 주위에 둥그렇게 놓으면서 말한다.

"아곱의 아들들은 르우벤(보아라 아들이다), 시므온(듣는다), 레위(애착), 유다(친양하다), 단(억울함을 풀어주셨다), 납달리(경쟁한다), 갓(행운), 아셀(기쁨), 잇사갈(값, 보상), 스불론(존중, 명예), 요셉(더하다), 베냐민(내 오른손의 아들)이에요."

요셉을 오른쪽으로 따로 이동시켜 가리키면서 말한다.

"여러분에게 앞으로 들려 줄 이야기는 이 중에 요셉에 대한 이야기에요. 요셉은 야곱의 아들 중에서 11번째였고 특히 야곱이 사랑한 아들이었지요. 야곱이 요셉을 너무 사랑해서 야곱 가정에는 나쁜 일들이 벌어져요. 그러나 하나님은 아브라함, 이삭, 야곱과 그의 아들들을 선택하시고 인도하시는 하나님이에요. 하나님은 요셉을 통해 놀라운 일을 계획하였지요."

교사는 잠시 묵상의 시간을 가지고 교리 질문을 한다.

★ 교리질문:

A) 하나님이 아브라함을 부르셨을 때 아브라함은 어떻게 행동했나요?

B) 왜 하나님은 야곱을 선택하였나요?

C) 야곱 가정은 어떤 일로 어려움을 당하게 되나요?

D) 지금 여기서 하나님의 선택을 받은 사람은 누구일까요?

E) 왜 하나님은 우리를 선택하였을까요?

여섯 번째 교리 이야기

하나님은 요셉을 인도하셨어요2.

어느 날, 요셉이 꿈을 꾸었습니다. 요셉이 그 꿈 이야기를 형들에게 들려 주자, 형들은 요셉을 더 미워했습니다. 요셉이 말했습니다. "내가 꾼 꿈 이야기를 들어 보세요. 우리가 들에서 곡식단을 묶고 있는데, 내 곡식단이 일어서니까, 형들의 곡식단이 내 곡식단 곁으로 몰려들더니 내 곡식단 앞에 절을 했어요." 요셉의 형들이 말했습니다. "네가 우리의 왕이라도 될 줄 아느냐? 네가 정말로 우리를 다스리게 될 줄 아느냐?" 요셉의 형들은 요셉이 말한 꿈 이야기 때문에 그전보다도 더 요셉을 미워했습니다. 그 후에 요셉이 또 꿈을 꾸었습니다. 요셉은 그 꿈 이야기를 또 형들에게 들려 주었습니다. "들어 보세요. 내가 또 꿈을 꾸었어요. 꿈에서 보니까 해와 달과 별 열한 개가 나에게 절을 했어요." 요셉은 그 꿈 이야기를 자기 아버지에게도 했습니다. 그러자 요셉의 아버지는 요셉을 꾸짖었습니다. "그게 도대체 무슨 꿈이냐? 너는 정말로 너의 어머니와 너의 형들과 내가 너에게 절을 할 것이라고 믿느냐?" 요셉의 형들은 요셉을 질투했습니다. 그러나 요셉의 아버지는 그 모든 것을 마음속에 새겨 두고 있었습니다.(쉬운 성경 창세기37장 5절-11절)

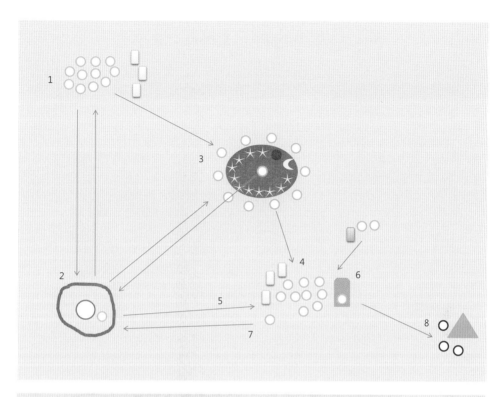

하나님은 요셉을 인도하셨어요 2

★ 교리 교구들: 시리즈2

교리이야기 상자, 교리이야기 펠트, 야곱, 르우벤, 시므온, 레위, 유다, 단, 납달리, 갓, 아셀, 잇사갈, 스불론, 요셉, 양들(3), 장막상징(털실, 야곱이 있는 곳), 둥그런 꿈펠트, 붉은옷, 요셉과 형들의 곡식단(11), 해, 달, 별들(11개), 웅덩이(밑이 검은색), 묶는 줄(털실), 이스마엘 사람들(2), 낙타들(1), 피라미드, 보디발, 군인2.

★ 교리 이야기: 둘째 제시

유아들이 원을 그리고 앉으면 교사는 '교리교육 이야기'가 있는 선반으로 가서 "하나님은 요셉을 인도하셨어요2" 교리 이야기가 들어 있는 상자와 성경을 가져온다. 교사는 교구를 앞에 놓고 잠시 묵상의 시간을 가지고 성경을 보고 만지면서 말씀이 형성되면 이야기 한다.

상자를 조심스럽게 열어 교리 이야기 펠트를 꺼내 펴고 Trace 하고 나서 왼쪽 위에 요셉과 형들을 놓고 말한다.

"야곱의 아들들은 들에서 양을 길렀어요. 요셉도 거기에 있었지요."

그들 주변에 양들을 놓는다. 장막과 야곱을 왼쪽 아래에 놓고 요셉을 가리키면서 말한다.

"요셉은 형들이 잘못한 것이 있으면 아버지 야곱에게 일렀어요."

요셉을 야곱으로 이동시키고 야곱을 가리키면서 말한다.

"야곱은 요셉을 너무 사랑해서 채색 옷을 만들어 주었어요."

요셉에게 채색 옷을 입힌다. 형들을 Trace하면서 말한다.

"아버지의 사랑을 혼자만 받는 요셉을 형들은 미워했어요."

형들을 중앙으로 이동시키고 요셉을 형들이 있는 곳으로 이동시킨다. 꿈 펠트를 펴 요셉을 가운데 두고 형들을 둥그렇게 요셉 주변에 놓는다. 요셉을 가리키면서 말한다.

"어느 날 요셉은 꿈을 꾸었지요. 요셉은 형들에게 꿈을 이야기 했어요. 형님들!! 우리가 들에서 곡식을 묶고 있는데 내 곡식 단이 일어서니까 형님들 곡식 단이 내 앞에서 절을 했어요."

요셉의 곡식 단을 세워 놓고 주변 형들의 곡식 단은 요셉의 곡식 단을 향해 놓는다. 형들을 Trace하면서 말한다.

"형들은 말했어요. 네가 우리의 왕이 될 것이야? 형들은 요셉의 이야기를 듣고 요셉을 더욱 미워했지요."

곡식 단을 정리하고 나서 해, 달, 별들(11개)를 요셉 주변에 놓고 나서 요셉을 가리키면서 말한다.

"요셉은 또 꿈을 꾸었고 형들에게 말했지요. 형님들!! 들어보세요. 꿈에 하늘의 해, 달, 11 별들이 내게 절을 했어요."

요셉을 야곱이 있는 곳으로 이동시킨다.

"요셉은 아버지 야곱에게 꿈 이야기를 했어요."

꿈 펠트와 해, 달, 별들을 정리하고 요셉의 형들을 위쪽으로 이동시키고 Trace하고 나서 말한다.

"형들은 요셉을 미워했지만 아버지 야곱은(가리키면서) 요셉의 말을 의미 있게 받아들였어요."

잠시 멈추고 나서 야곱과 요셉을 가리키면서 말한다.

"어느 날 야곱은 요셉을 형들이 양들을 돌보는 곳으로 심부름을 보냈지요."

요셉을 천천히 형들이 있는 곳으로 이동시킨다. 형들을 Trace 하면서 말한다.

"형들은 요셉이 멀리서 오는 것을 보았어요. 그들은 요셉이 미워 죽이기로 계획했어요."

르우벤을 약간 요셉 방향으로 이동시키면서 말한다.

"요셉의 제일 큰형 르우벤이 말했어요. 요셉은 우리 형제니까 죽이지는 말자."

웅덩이를 형들 옆에 놓고 요셉을 형들이 있는 곳으로 이동시켜 놓고 말한다.

"형들은 요셉을 잡아 옷을 벗기고 웅덩이에 던져 넣었어요."

요셉을 줄로 묶어서 웅덩이에 넣는다. 이스마엘 사람들과 낙타(1)를 주변에 놓고 형들을 가리키면서 말한다.

"형들은 이스마엘 사람들에게 돈을 받고 요셉을 팔아버렸지요. 요셉은 너무 마음이 아팠어요."

이스마엘 사람들, 낙타, 요셉을 펠트 오른쪽으로 이동시킨다. 요셉의 형들을 Trace하고 나서 말한다.

"요셉의 형들은 동물을 죽여 그 피로 요셉의 옷에 발랐어요."

동물 한 마리를 누이고 옆에 붉은 옷을 놓는다. 형들을 야곱이 있는 곳으로 이동시키고 야곱을 가리키면서 말한다.

"요셉의 형들은 아버지에게 요셉의 옷을 보여주었어요. 야곱은 요셉이 동물에게 공격을 받아 죽은 줄 알고 마음이 아파 오래 동안 슬퍼했어요"

침묵하고 나서 피라미드, 보디발, 이집트 군인들(2)을 오른쪽 위에 놓고 이스마엘 사람들과 요셉을 그곳으로 이동시켜 놓고 말한다.

"요셉은 이집트로 끌려와서 노예로 팔렸지요."

보디발을 가리키면서 말한다.

"요셉을 산 사람은 이집트 왕의 신하 보디발로 왕의 경호 대장이었어요."

요셉을 만지면서 말한다.

"요셉은 형들의 미움을 사서 이집트에 노예로 팔렸어요. 요셉은 어떻게 될까요?"

교사는 잠시 묵상의 시간을 가지고 교리 질문을 한다.

★ 교리질문:

A) 가정에서 부모님의 사랑을 다른 형제들만 받으면 마음이 어떤가요?

B) 형들이 요셉을 잡아 이스마엘 사람들에게 팔았을 때 요셉의 마음은 어떠했을까요?

C) 야곱이 요셉이 죽었다는 소식을 들었을 때 마음이 어떠했나요?

D) 요셉이 이집트에 노예로 팔려갈 때 하나님의 마음은 어떠했을까요?

E) 요셉이 노예로 팔렸을 때 하나님은 어디에 있었을까요?

요셉의 꿈

작사: 박용윤
작곡: 박용윤

일곱 번째 교리 이야기

하나님은 요셉을 인도하셨어요3.

요셉의 주인은 자기 아내가 요셉에 대해 하는 말을 듣고 매우 화가 났습니다. 그래서 보디발은 요셉을 붙잡아 감옥에 넣었습니다. 그 감옥은 왕의 죄수들을 넣는 곳이었습니다. 요셉은 감옥에서 살게 되었습니다. 하지만 여호와께서는 요셉과 함께 계셨으며, 요셉에게 한결같은 사랑을 베푸셨습니다. 그래서 요셉을 간수장의 마음에 들게 하셨습니다. 간수장은 요셉에게 감옥에 있는 모든 죄수를 맡겼습니다. 요셉은 감옥에서 이루어지는 모든 일을 맡았습니다. 간수장은 요셉이 하는 일에 조금도 간섭하지 않았습니다. 그것은 여호와께서 요셉과 함께 계셨기 때문이었습니다. 여호와께서는 요셉이 무슨 일을 하든 성공하게 만드셨습니다.(쉬운 성경 창세기 39장 19절-23절)

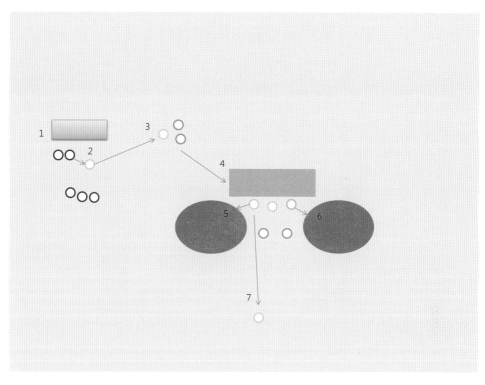

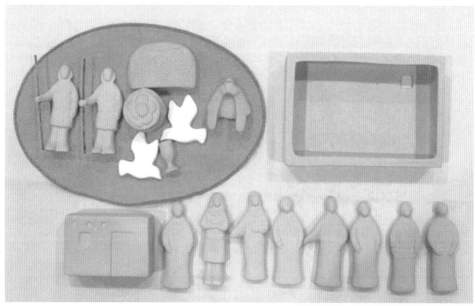

하나님은 요셉을 인도하셨어요 3

★ 교리 교구들: 시리즈3

교리이야기 상자, 교리이야기 펠트, 보디발, 보디발 아내, 집 모형, 요셉, 사람들3, 군인2, 감옥모형, 술관원장, 떡관원장, 둥그런 꿈펠트, 가지에 달린 세 포도송이(1), 바로의 잔, 왕관, 떡이 담긴 세 광주리(1), 새(2),

★ 교리 이야기: 셋째 제시

유아들이 원을 그리고 앉으면 교사는 '교리교육 이야기'가 있는 선반으로 가서 **"하나님은 요셉을 인도하셨어요3"** 교리 이야기가 들어 있는 상자와 성경을 가져온다. 교사는 교구를 앞에 놓고 잠시 묵상의 시간을 가지고 성경을 만지면서 말씀이 형성되면 이야기 한다.

상자를 조심스럽게 열어 교리 이야기 펠트를 꺼내 펴고 Trace 하고 나서 왼쪽 가운데에 집 모형, 보디발, 아내, 요셉을 놓고 보디발을 가리키면서 말한다.

"보디발은 요셉을 사서 집으로 데리고 갔어요. 하나님은 요셉과 함께하였고 요셉이 하는 모든 일에 복을 주셨어요. 보디발도 요셉에게 하나님이 함께하심을 보고 자기 집안 일 모든 것을 요셉에게 맡겼지요. 하나님은 요셉을 위해 보디발의 집에 복을 주셨어요."

교사는 두 손을 들어올리고 내리면서 보디발의 집에 축복의 제스처를 한다.

잠시 침묵 후에 집에 요셉과 보디발의 아내만 남겨놓고 보디발을 정리한다. 보디발의 아내를 가리키면서 말한다.

"보디발의 아내는 자기 남편 보디발 보다 요셉을 더 좋아했어요."

보디발의 아내를 요셉에게로 가까이 이동시키고 가리키면서 말한다.

"보디발의 아내는 요셉을 유혹했지만 요셉은 단호히 거절했어요."

보디발의 아내를 밀치고 요셉을 가리키면서 말한다.

"요셉은 말했어요. 내 주인이 당신만 빼고 모든 것을 저에게 맡겼습니다. 당신은 주인의 아내이기 때문입니다. 그런데 어떻게 나쁜 일을 제가 할 수 있습니까? 이것은 하나님께 죄를 짓는 것입니다. "

보디발의 아내를 요셉에게 더 가까이 이동시켜 놓고 가리키면서 말한다.

"보디발의 아내는 요셉에게 말했어요. 나와 함께 자자."

요셉을 잡고 보디발의 아내를 밀어내고 집 밖으로 빠르게 이동시키고 나서 말한다.

"요셉은 집 밖으로 뛰어나갔지요."

보디발의 아내를 일으켜 세우면서 말한다.

"보디발의 아내는 소리쳤어요. 히브리 노예가 나를 괴롭히고 욕보이려 했어요!"

사람들(3)과 보디발을 보디발의 아내 주변에 놓으면서 말한다.

"보디발의 아내는 집안 사람들과 남편에게 거짓말을 했어요. 히브리 노예가 나를 괴롭히고 욕보이려 했어요. 보디발은 화가 나서 요셉을 잡아 감옥에 가두었지요."

감옥을 오른쪽 중앙에 놓고 군인(2)이 요셉을 데리고 와 감옥에 넣는다. 요셉을 가리키면서 말한다.

"그러나 하나님은 모든 것을 알고 있었고 요셉과 함께하였지요. 억울하게 요셉은 감옥에 갇혔지만 하나님은 요셉이 하는 모든 일에 축복하였어요. 감옥에서도 하나님은 요셉과 함께하였지요."

교사는 손을 들어올려 축복의 제스처를 요셉이 있는 감옥에 행한다. 침묵하고 나서 감옥에 술 관원장, 떡 관원장을 놓고 말한다.

"어느 날 애굽 왕의 신하인 술 관원장과 떡 관원장이 죄를 지어 요셉이 있는 감옥에 들어왔어요. 이들은 꿈을 꾸었고 요셉에게 말했어요."

요셉을 가리키면서 말한다.

"꿈은 하나님이 풀어 주십니다."

술 관원장 앞에 꿈 펠트를 펴고 술 관원장을 가리키면서 말한다.

"술 관원장이 요셉에게 말했어요. 꿈에 포도나무에 포도송이가 익어 내가 포도를 따서 즙을 만들어 잔에 담아 왕에게 드렸지"

가지에 달린 포도송이(3), 바로의 잔, 왕관 모형을 꿈 펠트에 차례로 놓는다. 요셉을 가리키면서 말한다.

"요셉은 3일 안에 왕이 당신을 다시 신하로 부를 것이라고 말했어요. 요셉은 자신의 억울함을 왕에게 말해달라고 술 관원장에게 부탁했어요."

꿈 펠트와 그 위의 교구를 정리한다. 떡 관원장을 가리키면서 말한다.

"떡 관원장도 요셉에게 꿈 이야기를 했어요."

떡 관원장 앞에 꿈 펠트를 놓으면서 떡 관원장을 가리키면서 말한다.

"꿈에 내 머리에 떡이 담긴 세 광주리가 있고 맨 위의 떡은 새들이 먹고 있었지."

꿈 펠트에 떡이 담긴 세 광주리, 새(2)을 놓고 요셉을 가리키면서 말한다.

"요셉은 3일 안에 왕이 당신을 죽일 것이라고 말했어요."

꿈 펠트와 교구들을 정리하고 침묵하고 나서 술, 떡 관원장들을 만지면서 말한다.

"요셉이 꿈을 풀어준 대로 3일 뒤에 정말 술 관원장은 왕의 신하가 되었고 떡 관원장은 왕이 죄를 물어 죽였지요."

떡 관원장을 정리한다.

술 관원장과 요셉을 가리키면서 말한다.

"술 관원장은 요셉이 꿈을 풀어준 대로 바로의 신하가 되었지만 요셉이 억울하게 감옥에 갇혀 있는 것을 잊어버렸어요."

술 관원장을 감옥에서 나오게 하여 아래로 움직여 놓는다.

교사는 잠시 묵상의 시간을 가지고 교리 질문을 한다.

★ **교리질문:**

  A) 보디발의 집과 감옥에서 요셉은 어떤 일을 경험하나요?

  B) 억울하게 감옥에 갇혔을 때 요셉의 마음은 어떠했을까요?

  C) 하나님은 요셉과 어떻게 함께하였나요?

  D) 왜 하나님은 요셉에게 어려움과 억울함을 주셨을까요?

  E) 우리가 어려운 일을 경험할 때 하나님은 무엇을 하시나요?

여덟 번째 교리 이야기

하나님은 요셉을 인도하셨어요4.

요셉의 말은 파라오가 듣기에 매우 훌륭한 의견이있습니다. 파라오의 모든 신하들도 같은 생각이었습니다. 그래서 파라오는 신하들에게 "요셉보다 이 일을 더 잘 할 사람이 어디에 있겠는가? 이 사람에게는 정말로 하나님의 영이 있도다" 하고 말했습니다. 파라오가 요셉에게 말했습니다. "하나님께서 이 모든 일을 그대에게 보여 주셨다. 그대만큼 지혜롭고 현명한 사람은 없다. 나는 내 왕궁을 그대에게 맡긴다. 모든 백성들이 그대에게 복종할 것이다. 그대보다 높은 사람은 나밖에 없도다." 파라오가 또 요셉에게 말했습니다. "자! 내가 그대에게 모든 이집트 땅을 맡긴다." 그리고 자기 손가락에서 왕의 도장이 찍힌 반지를 빼서, 요셉의 손가락에 끼워주었습니다. 그리고 요셉에게 고운 세마포 옷도 주었습니다. 그리고 요셉의 목에 금 목걸이를 걸어 주었습니다. 파라오가 요셉을 자기 수레 다음으로 좋은 수레에 태우니, 사람들이 요셉이 탄 수레 앞에서 "무릎을 꿇어라!" 하고 외쳤습니다. 이렇게 하여 파라오는 요셉에게 이집트의 모든 일을 맡겼습니다. 파라오가 요셉에게 말했습니다. "나는 파라오다. 이제는 모든 이집트 땅의 누구라도 그대의 허락 없이는 손과 발이라도 함부로 움직이지 못한다." 그는 요셉에게 사브낫바네아라는 이름을 주었습니다. 또 요셉에게 아스낫이라는 사람을 아내로 주었습니다. 아스낫은 온의 제사장인 보디베라의 딸이었습니다. 요셉은 이집트의 모든 땅을 다스리게 되었습니다. (쉬운 성경 창세기41장 37절-45절)

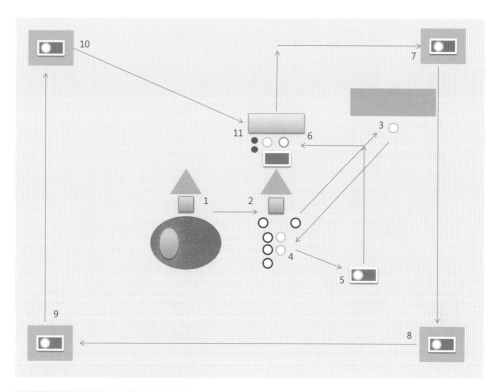

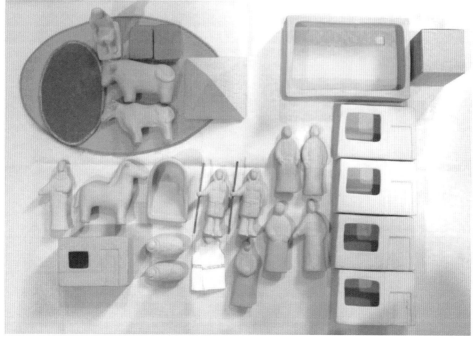

하나님은 요셉을 인도하셨어요 4

★ 교리 교구들: 시리즈4

교리이야기 상자, 교리이야기 펠트, 둥그런 꿈펠트, 피라미드, 바로왕, 살진 암소(1), 흉한 암소(1), 한 줄기에 충실한 일곱 이삭(1), 마른 일곱 이삭(1), 군인들(2), 사람들(3), 술 관원장, 요셉, 감옥모형, 녹색 풀 펠트, 흰색 옷, 말, 말 수레 모형, 집, 여인(1), 곡식창고(4), 곡식알갱이들(황색), 곡식알갱이상자, 아기(2),

★ 교리 이야기: 넷째 제시

유아들이 원을 그리고 앉으면 교사는 '교리교육 이야기'가 있는 선반으로 가서 **"하나님은 요셉을 인도하셨어요4"** 교리 이야기가 들어 있는 상자와 성경을 가져온다. 교사는 교구를 앞에 놓고 잠시 묵상의 시간을 가지고 성경을 만지면서 말씀이 형성되면 이야기 한다.

상자를 조심스럽게 열어 교리 이야기 펠트를 꺼내 펴고 Trace 하고 나서 피라미드와 바로 왕을 펠트 중앙에 놓고 꿈 펠트를 바로 앞에 놓고 나서 말한다.

"어느 날 이집트 왕 바로는 꿈을 꾸었어요. 아름답고 살진 일곱 암소가 강에서 풀을 먹고 있었어요."

꿈 펠트 위에 녹색 풀 펠트를 놓고 암소를 놓는다.

"그 뒤에 흉한 암소들이 나와 살진 암소들을 먹었어요."

흉한 암소를 살진 암소에 터치하면서 놓고 살진 암소를 정리한다. 잠시 침묵하고 나서 교구들을 정리한다.

"왕은 다시 꿈을 꾸었어요. 꿈에 한 줄기에 충실한 일곱 이삭이 나왔어요."

충실한 일곱 이삭을 꿈 펠트에 놓는다.

"그 후에 마른 일곱 이삭이 나오더니 충실한 일곱 이삭을 삼켰어요."

마른 일곱 이삭을 충실한 일곱 이삭을 터치하면서 놓고 충실한 일곱 이삭을 정리한다. 잠시 침묵하고 나서 교구들과 꿈 펠트를 정리하고 피라미드, 바로 왕을 약간 옆으로 놓고 만지면서 말한다.

"바로 왕은 꿈에서 깨어 났지만 마음이 좋지 않았지요. 그래서 바로는 이집트의 지혜로운 사람들을 다 불러 모았어요."

바로 왕 앞에 군인(2)과 주변에 사람들(3), 술 관원장을 놓는다. 바로와 그들을 터치하면서 말한다.

"바로는 지혜로운 사람들에게 꿈 이야기를 했지만 아무도 알지 못했어요."

술 관원장을 바로 앞에 엎드려 놓는다. 터치하면서 말한다.

"그때 술 관원장이 말했어요. 왕이 저와 떡 관원장에게 노하여 감옥에 가두었을 때 저희들은 각각 꿈을 꾸었습니다. 그런데 그곳에 있던 한 청년이 꿈을 풀어주었습니다. 꿈을 풀어준 대로 저는 살고 떡 관원장은 죽었습니다."

펠트 오른쪽 앞에 감옥 모형과 요셉을 놓고 바로와 뒤의 군인을 터치하면서 말한다.

"왕은 군인들을 보내어 요셉을 데려왔어요."

군인들을 감옥으로 보내어 요셉을 데리고 왕 앞으로 이동시킨다. 감옥을 정리한다. 바로를 터치하면서 말한다.

"내가 꿈을 꾸었는데 아무도 풀지 못하였다. 너는 꿈 이야기를 들으면 뜻을 알 수 있다고 들었다."

요셉을 만지면서 말한다.

"제가 꿈을 아는 능력이 있는 것이 아니라 하나님께서 왕을 위해 일게 해 주실 깃입니다."

바로를 만지면서 말한다.

"바로는 요셉에게 꿈 이야기를 하였지요."

잠시 침묵하고 나서 요셉을 만지면서 말한다.

"바로의 꿈은 같은 꿈입니다. 하나님께서 곧 하실 일을 분명히 왕에게 보이신 것입니다."

"살진 일곱 암소, 충실한 일곱 이삭은 칠년 풍년을 말합니다. 흉한 일곱 암소, 마른 일곱 이삭은 칠년 흉년을 말합니다. 하나님은 앞으로 일어날 일을 왕에게 미리 보여주었습니다. 칠년 동안 이집트에는 큰 풍년이 있을 것이고 그 뒤 칠년 동안은 가뭄이 심해 땅이 망하게 될 것입니다. 왕이 두 번 같은 꿈을 꾼 것은 하나님이 이 일을 이루시기로 굳게 작정한 것이고 곧 되어질 것입니다."

요셉을 터치하면서 말한다.

"요셉은 바로에게 지혜로운 사람을 선택하여 이집트를 다스리게 하고 칠년 풍년 동안 곡식을 걷어들여 칠년 가뭄을 준비해야 한다고 말했지요."

바로와 다른 사람들을 Trace하면서 말한다.

"바로와 다른 사람들이 모두 놀랐어요. 이렇게 지혜롭고 하나님이 함께하는 사람이 있다니!! 요셉보다 이 일을 더 잘할 사람은 없을 거야"

요셉을 바로에게 가까이 움직이고 나서 말한다.

"너는 내 나라를 다스려라. 모든 백성이 네 말에 복종할 것이고 너보다 높은 사람은 나밖에 없을 것이다. 너에게 이집트 나라를 맡긴다."

요셉에게 흰색 옷을 입히고 말이 모는 수레에 태운다. 바로를 만지면서 말한다.

"바로는 요셉에게 자신의 반지, 깨끗한 옷, 금 목걸이를 걸어 주었지요. 그리고 수레에 태우고 말했어요. 나는 바로 왕이다. 요셉의 허락 없이는 손과 발도 함부로 움직이지 못할 것이다."

요셉을 태운 수레를 바로 앞으로 이동시키면서 말한다.

"바로 왕은 요셉에게 이집트 전국을 다스리게 하였어요."

피라미드 앞에 집과 여인을 놓고 요셉의 수레를 집 앞으로 이동시켜 요셉을 여인과 같이 놓고 바로 왕을 만지면서 말한다.

"바로는 요셉을 결혼시켜 이집트에서 살 수 있도록 하였지요."

요셉을 수레에 태운 뒤 펠트 사방을 시계방향으로 이동시키면서 요셉의 수레가 닿는 사방에 곡식 창고를 놓고 곡식 알갱이들을 놓으면서 말한다.

"일곱 해 풍년 동안 요셉은 이집트 전국을 다니면서 각 성의 창고에 넘쳐나는 곡식들을 저장하였어요. 쌓아 둔 곡식은 바다 모래보다 많았어요."

요셉의 수레를 몇 번 돌면서 곡식 창고에 곡식 알갱이들을 더 놓는다. 요셉의 수레를 집으로 이동시켜 여인과 같이 놓고 아기들(2)를 앞에 놓으면서 말한다.

"요셉의 가정에 하나님은 두 아들이 태어나게 하였어요."

한 아기를 만지면서 말한다.

"요셉의 첫째 아기는 므낫세에요. 그 뜻은 '하나님이 내 고통과 아버지의 집을 잊게 하였다.' 라는 뜻이었어요."

다른 아기를 만지면서 말한다.

"요셉의 두 번째 아기는 에브라임에요. 그 뜻은 '하나님께서 내가 고통 받았던 땅에서 자녀를 주셨다.'라는 뜻이었어요."

요셉을 만지고 집을 Trace하면서 축복의 제스처를 집 전체를 향해 행하고 말한다.

"요셉은 어려움을 겪었지만 하나님은 요셉과 함께하였고 그를 인도하였어요. 하나님은 요셉을 통해 위대한 일을 계획하고 있었어요. 요셉에게 앞으로 어떤 일들이 일어날까요?"

교사는 잠시 묵상의 시간을 가지고 교리 질문을 한다.

★ 교리질문:

A) 이집트의 왕 바로는 어떤 꿈들을 꾸었나요?

B) 요셉은 꿈은 누가 풀어 준다고 하였나요?

C) 요셉은 왕의 꿈 이야기를 어떻게 풀어주었나요?

D) 요셉의 이야기를 듣고 바로는 어떻게 행하였나요?

E) 요셉은 이집트에서 어떤 일을 하였나요?

F) 하나님이 고통 받있던 요셉을 통해 계획하신 일은 무엇일끼요?

G) 힘들고 어려움에 있을 때 우리를 향한 하나님의 계획은 무엇인가요?

아홉 번째 교리 이야기

하나님은 요셉을 인도하셨어요5.

요셉은 자기 종들 앞에서 더 이상 북받치는 감정을 억누를 수가 없었습니다. 요셉은 "모두다 물러가거라"하고 소리쳤습니다. 형들만 남게 되자 요셉은 자기가 누구라는 것을 말했습니다. 요셉이 너무 크게 소리내어 울었기 때문에 이집트 사람들도 모두 그 소리를 들었습니다. 그리고 왕궁의 신하들도 그 소리를 들었습니다. 요셉이 형들에게 말했습니다. "내가 요셉입니다. 아버지께서 아직 살아 계신가요?" 그러나 형들은 너무나 놀랐기 때문에 아무런 대답도 할 수 없었습니다. 요셉이 형들에게 말했습니다. "이리 가까이 오세요." 그러자 형들이 요셉에게 가까이 갔습니다. 요셉이 형들에게 말했습니다. "내가 여러분의 동생 요셉입니다. 형님들이 이집트에 노예로 팔았던 바로 그 요셉이란 말이에요. 하지만 이제는 염려하지 마세요. 저를 이 곳에 판 일로 마음 아파하지 마세요. 하나님께서 저를 형님들보다 먼저 이 곳으로 보내셔서, 사람들의 생명을 구하게 하신 것이니까요. 벌써 이 년 동안 땅에서는 식물이 자라지 않고 있어요. 더구나 앞으로도 오 년 동안은 심지도 못하고 거두지도 못할 것입니다. 그래서 하나님께서는 형님들과 형님들의 자손이 살아 남도록 하려고, 저를 먼저 이 곳에 보내신 것이에요. 그러니 저를 이 곳에 보내신 분은 형님들이 아니라 하나님이십니다.(쉬운 성경 45장 1절-8절)

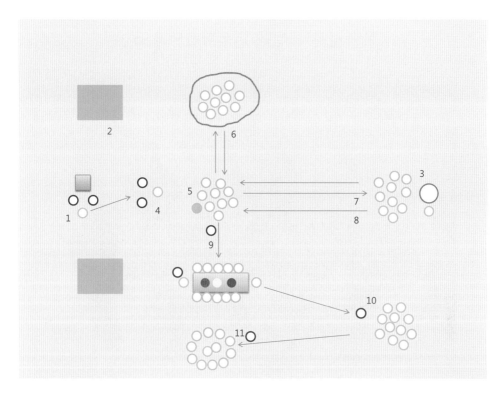

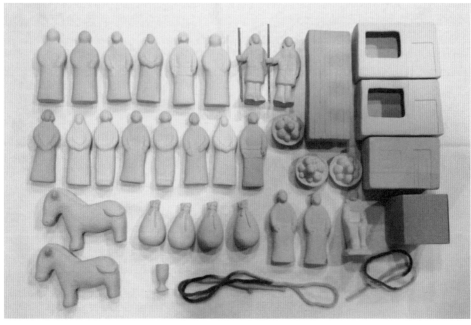

하나님은 요셉을 인도하셨어요 5

★ 교리 교구들: 시리즈5

교리이야기 상자, 교리이야기 펠트, 바로 왕, 바로 신하들(2), 요셉(흰색), 곡식창고(2), 곡식 알갱이들(황색), 곡식알갱이 상자, 야곱, 요셉의 형제들(10), 유다, 나귀(2), 군인(2), 요셉 형들 묶는 줄, 묶는 줄(털실), 곡식자루(4), 요셉의 집, 청지기, 긴 탁자, 음식모형들(3), 은잔.

★ 교리 이야기: 다섯째 제시

유아들이 원을 그리고 앉으면 교사는 '교리교육 이야기'가 있는 선반으로 가서 **"하나님은 요셉을 인도하셨어요5"** 교리 이야기가 들어 있는 상자와 성경을 가져온다. 교사는 교구를 앞에 놓고 잠시 묵상의 시간을 가지고 성경을 만지면서 말씀이 형성되면 이야기 한다.

상자를 조심스럽게 열어 교리 이야기 펠트를 꺼내 펴고 Trace 하고 나서 말한다.

"일곱 해 풍년이 끝나고 일곱 해 가뭄이 찾아왔어요."

왼쪽 부분 펠트만 Trace를 하지 않고 나머지 부분을 Trace하면서 말한다.

"모든 나라는 먹을 것이 없었지만 이집트에는 있었지요. 이집트에는 일곱 해 풍년 동안 요셉이 저장한 곡식들이 있었지요."

왼쪽 중앙에 바로 왕, 신하들, 요셉을 놓고 그 주변에 곡식 저장소와 곡식 알갱이들을 놓는다. 다시 다른 펠트 영역을 Trace하고 요셉과 곡식창고들을 가리키면서 말한다.

"각 나라의 백성들은 양식을 사려고 이집트로 왔어요. 이들 중에는 야곱의 가족들도 있었지요."

야곱(베냐민을 야곱 옆에 놓음)과 요셉의 형제들(11)을 펠트 오른쪽에 놓고 야곱과 요셉의 형들을 가리키면서 말한다.

"야곱은 이집트에 양식이 있다는 말을 듣고 아들들에게 이집트로 가서 양식을 사오라고 말했어요. 야곱은 베냐민은 보내지 않았어요."

나귀(2)와 요셉의 형들(10)을 요셉이 있는 곳으로 이동시킨다.

요셉을 앞으로 이동시키고 뒤에 군인(2)을 놓는다. 요셉의 형들을 요셉 앞으로 이동시켜 엎드려 놓는다.

"요셉의 형들은 요셉을 알아보지 못하고 그 앞에 엎드렸지요. 그리고 말했어요. '우리가 곡식을 사러 왔습니다.'"

요셉을 가리키면서 말한다.

"요셉은 형들을 알아보았어요. 그러나 무서운 소리로 말했지요. '너희는 나라를 염탐하기 위해 온 사람들이구나.'"

요셉의 형들을 가리키면서 말한다.

"우리는 염탐하러 온 사람들이 아니라 가나안에서 사는 한 아버지의 아들들입니다. 아버지는 동생과 함께 있고 우린 나쁜 사람들이 아닙니다."

요셉을 가리키면서 말한다.

"너희 막내 아우를 데려오지 않으면 너희를 정탐꾼으로 알겠다."

군인들을 앞으로 나오게 하여 요셉의 형들을 약간 거리를 두어 데려다 놓고 털실로 두른다. 요셉을 만지면서 말한다.

"요셉은 형들을 3일 동안 가두었어요. 3일이 지나 요셉은 형들에게 말했지요. '나는 하나님을 경외한다. 너희가 내 말을 들으면 살려줄 것이다.'"

요셉의 형들 중 1명을 털실로 묶고 다른 형들은 풀어준다. 요셉을 만지면서 말한다.

"너희 중에 한 명만 남고 나머지는 양식을 가져가 너희 가족들을 구해라."

형들을 만지면서 말한다.

"형들은 자신들의 죄에 대해 슬퍼하기 시작했어요. 요셉을 팔아버려서 벌을 받는 거야"

요셉을 만지면서 말한다.

"요셉은 형들이 하는 말을 듣고 울었어요. 그리고 곡식들을 자루에 채우고 형들이 가져온 돈도 자루에 넣고 형들을 가게 하였지요."

곡식자루를 나귀(2)에 실은 다음 요셉의 형들(9)을 야곱이 있는 곳으로 이동시킨다. 야곱 앞으로 이동시키고 나서 말한다.

"요셉의 형들이 집에 와서 야곱에게 되어진 일들을 다 말했어요."

곡식자루를 내려 풀어 놓고 말한다.

"야곱과 요셉의 형들은 돈뭉치가 있는 것을 보고 무서웠어요."

야곱을 가리키면서 말한다.

"야곱은 요셉의 형들에게 말했어요. '너희가 자식들을 잃어버리게 하는구나. 요셉도 시므온도 없는데 베냐민도 빼앗아 가는구나."

곡식 자루를 정리한다.

야곱의 가족을 Trace하고 야곱을 가리키면서 말한다.

　"야곱의 식구들은 곡식을 다 먹었어요. 야곱은 아들들에게 말했지요. '곡식이 다 떨어졌는데 너희가 다시 가서 곡식들을 사오너라.'"

유다를 야곱 앞으로 이동하고 나서 말한다.

"우리의 아우 베냐민을 데려 가면 양식을 사올 수 있습니다. 베냐민이 같이 가게해주세요. 베냐민과 가야만 양식을 살 수 있고 아버지와 자식들을 살릴 수 있습니다. 재가 책임을 지겠습니다."

야곱을 만지면서 말한다.

"그렇다면 너희는 이 땅의 선물을 준비하고 돈도 두 배로 가져가라. 베냐민도 데려가라. 전능하신 하나님이 너희에게 은혜를 베풀어 시므온과 베냐민을 돌려보내 주길 원한다."

요셉의 형들, 베냐민, 나귀를 요셉이 있는 곳으로 이동시킨다.

요셉 아래쪽에 집을 놓고 요셉을 가리키면서 말한다.

"요셉은 형들과 베냐민을 자기 집으로 인도하였어요."

요셉의 형들을 Trace하면서 말한다.

"형들은 두려웠어요. '저 사람이 돈 때문에 노예로 삼으려고 하는구나!'"

요셉의 청지기를 놓고 집으로 이동시킨다. 요셉의 형들을 청지기 뒤에 놓고 이동하면서 말한다.

"요셉의 형들은 청지기에게 말했지요. '우리가 전번에 산 곡식자루에 돈이 들어있었어요. 누가 넣었는지 우리는 알지 못합니다.'"

요셉의 청지기를 만지면서 말한다.

"안심하라. 두려워하지 말아라. 너희 돈은 이미 받았다."

요셉의 형들을 집 앞의 탁자로 이동시키고 둘러 서게 한다. 탁자 위에 음식을 놓는다. 요셉을 탁자 있는 곳으로 이동시키고 나서 말한다.

"너희 아버지가 아직도 살아있느냐? 건강하느냐?"

요셉을 동생 베냐민 쪽으로 향하게 하고 요셉을 만지면서 말한다.

"요셉은 동생 베냐민을 보고 말했어요. '너희 작은 동생이 이 아이냐? 소자야 하나님이 너에게 은혜 베풀기를 원한다."

요셉을 집 뒤로 이동시키고 나서 요셉을 만지면서 말한다.

"요셉은 동생을 보자 눈물이 났어요. 요셉은 가서 울고 와서 형제들과 식사를 같이하였지요."

요셉 옆으로 청지기를 이동시키고 요셉과 청지기를 가리키면서 말한다.

"요셉은 청지기에게 곡식자루에 은잔, 양식, 돈도 같이 넣으라고 말했어요. 청지기는 요셉의 말대로 하였지요."

청지기기 니귀 위에 있는 곡식지루에 돈 뭉치외 은잔을 넣는 제스처를 한다. 탁지외 음식들을 정리한다. 요셉의 아들들을 나귀가 있는 곳으로 이동시킨다.

"요셉의 형들과 베냐민은 야곱이 있는 곳으로 곡식을 싣고 떠났어요."

요셉의 형들, 베냐민, 나귀를 중간지점까지 이동시킨다. 청지기를 만지면서 말한다.

"요셉은 청지기에게 말했어요. '그들의 뒤를 따라가서 왜 은잔을 가져갔는지를 묻고 데려와라.'"

청지기를 요셉의 형들이 있는 곳으로 이동시키고 말한다.

"왜 당신들이 내 주인의 물건인 은잔을 도둑질하였습니까?"

형들을 만지면서 말한다.

"우리가 도둑질을 하다니요? 우리는 하지 않았습니다."

곡식자루를 풀어 은잔을 찾아 내고 청지기와 요셉의 형들을 다시 요셉이 있는 곳으로 이동시킨다. 요셉을 만지면서 말한다.

"너희가 왜 내 물건을 도둑질 하였느냐?"

유다를 요셉 앞으로 이동시켜 엎드려 놓고 만지면서 말한다.

"우리가 무슨 말을 하겠습니까? 하나님이 우리 죄를 찾아내어 책임을 지게 하였으니 우리가 모두 당신의 종이 되겠습니다."

요셉을 만지면서 말한다.

"아니다. 은잔이 발견된 곡식자루의 주인만 내 종이 되고 너희는 다시 돌아가라."

유다를 요셉의 발 앞까지 이동시켜 엎드려 놓고 말한다.

"우리 동생 베냐민이 함께 가지 못하면 아버지는 죽습니다. 아버지의 생명과 아이의 생명이 서로 연결되어 있어서 함께 가지 않으면 아버지는 살지 못합니다. 저를 종으로 삼고 아이는 형제들과 함께 아버지에게 보내주세요."

요셉을 뒤돌아 서게 하고 나서 말한다.

"요셉은 감정을 억누를 수 없어서 크게 울었어요. 그 소리가 바로왕의 궁전까지 들렸지요. 요셉은 형들에게 자신을 알렸어요.

요셉을 형제들에게 향하게 하고 나서 말한다.

'제가 요셉입니다. 당신들의 아우 요셉입니다. 나를 팔았다고 근심하지 마세요. 하나님은 생명을 구하려고 나를 당신들 보다 먼저 보냈습니다. 하나님은 당신들의 생명을 구원하고 자녀를 보호하기 위해 저를 먼저 이곳으로 보내 애굽을 다스리게 하셨어요. 나를 보낸 분은 하나님이십니다. 당신들은 아버지에게로 가서 모든 가족들을 이끌고 이곳으로 오세요. 제가 아버지의 가족들을 섬기겠습니다."

요셉의 형들을 Trace하면서 말한다.

"요셉의 형들은 너무 놀라 말을 할 수 없었어요."

요셉을 베냐민에게로 이동시켜 붙여 놓고 말한다.

"요셉은 베냐민을 안고 울었고 베냐민도 울었어요."

요셉의 형들을 둥그렇게 요셉과 베냐민이 있는 곳으로 이동시켜 놓고 요셉을 형들과 터치하면서 말한다.

"요셉은 형들과 안고 울었어요. 형들도 요셉을 안으면서 말했지요. '살아 있어서 고맙다. 우리를 용서해 주고 받아줘서 고맙다. 하나님! 감사합니다. 우리는 하나님과 동생에게 죄를 지었지만 하나님은 우리를 살리려고 준비하고 계획하셨습니다. 하나님! 살려줘서 감사합니다!'"

교사는 잠시 묵상의 시간을 가지고 교리 질문을 한다.

★ 교리질문:

A) 야곱과 요셉의 형들은 가나안 땅에 흉년이 들어 어떻게 했나요?

B) 왜 요셉은 형들을 나라를 엿보러 온 사람들이라고 말했나요?

C) 왜 요셉은 곡식자루에 돈과 은잔을 넣었을까요?

D) 유다는 요셉에게 무엇을 말했나요?

E) 요셉은 형들이 행한 일을 어떻게 받아들였나요?

F) 왜 하나님은 우리에게 어려운 일들을 경험하게 하나요?

★ 관련 삭업 활동(Art Material):

1. **활동제목**: 나의 앨범

2. **관련성구**:

"주께서 내 내장을 지으시며 나의 모태에서 나를 만드셨나이다. 내가 주께 감사하옴은 나를 지으심이 심히 기묘하심이라 주께서 하시는 일이 기이함을 내 영혼이 잘 아나이다"(시 139: 13-14)

3. **활동목표**:

① 하나님께서 나의 삶을 계획하시고 이루어 가시는 것을 이해한다.

② 하나님의 계획가운데 태어나 지금까지 인도하셨음을 안다.

4. **활동영역**: 지

5. **활동유형**: 문학, 미술활동

6. **활동자료**: 색지, 가위, 풀, 색연필, 다양한 꾸미기 재료, 개인 역사를 보여주는 유아 사진들과 에피소드 이야기들

7. **활동초점**: 하나님께서 나의 삶을 계획하시고 태 안에서부터 지금까지 하나님께서 인도하셨음을 이해하는데 초점을 둔다.

8. **활동방법**:

1) 도입

① 우리 몸 안에 있는 신체 기관에 대해 유아들에게 질문하면서 이야기를 나눈다.

우리가 음식을 먹으면 음식들은 우리 몸 속 어디로 갈까?

우리가 음식을 먹으면 소화시키는 곳은?

음식의 영양분을 빨아들이고 그것을 밖으로 보내주는 곳은?

2)전개

① 우리는 태어나 자라나는 가운데 어떻게 하나님께서 우리 가족 또는 다른 사람들에 의해 보살핌을 받으며 자라도록 하였는지 이야기 나눈다.

② 유아의 태아 때 사진을 보면서 하나님은 우리가 언제 태어나, 어떤 이름을 갖고 어떤 가정에서 자라나게 될 것인지 알고 계셨음을 설명한다.

③ 태아 ~ 현재까지의 사진을 병풍 책으로 만든다.

3) 마무리

① 유아 역사(에피소드)를 친구들에게 소개하는 시간을 갖는다. 교사는 유아들과 함께 앞으로의 삶을 하나님이 인도해 주실 것을 믿고 기도하는 시간을 가진다.

9. 활동평가:

① 유아는 하나님께서 자신의 삶을 계획하시고 이루어 가심을 이해했는가?

② 유아는 하나님의 계획 가운데 태어나서 지금까지 인도함 받았음을 이해했는가?

1. **활동제목**: 가족 가계도

2. **관련성구**:

"보라 자식들은 여호와의 기업이요 태의 열매는 그의 상급이로다. 젊은 자의 자식은 장사의 수중의 화살과 같으니 이것이 그의 화살통에 가득한 자는 복되도다"(시127:3-5)

3. **활동목표**:

① 하나님의 계획가운데 사랑하는 가족과 함께 살게 하셨음을 이해한다.

② 유아가 가족 가계도 만들기 활동을 통해 가족에게 소중함과 감사한 마음을 가진다.

4. **활동영역**: 정

5. **활동영역**: 예술, 언어

6. **활동자료**: 가계도 활동지

7. **활동초점**: 유아가 하나님의 계획안에서 가족과 함께 살게 되었음을 이해하고 가족 가계도를 통해 가족 구성원들에게 소중하고 감사한 마음을 가지도록 하는데 초점을 둔다.

8. **활동방법**:

1) 도입

① 유아가 가져온 가족사진을 보며 가족들을 소개하는 시간을 가진다(친할아버지, 친할머니, 외할아버지, 외할머니, 아빠, 엄마, 나, 형제와 자매들).

2) 전개

① 교사는 유아들과 함께 가족들과 기뻤던 일이 있는지 이야기를 나누고 가족 구성원에게 감사하는 마음을 말로 표현해 보도록 한다.

② 활동지에 사진을 오려 붙이거나 가족 구성원을 그림으로 그려 각각의 가족 구성원들에게 감사하는 글을 써서 표현해 본다.

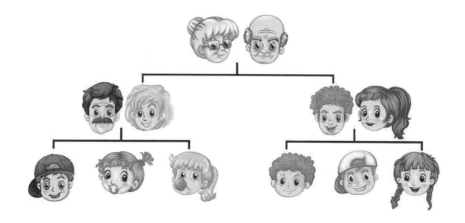

3) 마무리

① 유아들이 하나님이 가족 구성들을 만나게 계획하셨고, 가족들을 인도하신다는 것을 알아 각 가족 구성원을 위해 하나님께 감사 기도를 드리도록 한다.

9. 활동평가:

① 하나님의 계획하심 안에서 가족들과 함께 살고 있음을 유아들이 이해했는가?

② 활동 후 가정에서 가족들에게 감사한 마음을 표현하는가?

1. **활동제목**: 태양계 행성들의 질서

2. **관련성구**:

   "하늘이 하나님의 영광을 선포하고 궁창이 그의 손으로 하신 일을 나타내는도다 날은 날에게 말하고 밤은 밤에게 지식을 전하니 언어도 없고 말씀도 없으며 들리는 소리도 없으나 그의 소리가 온 땅에 통하고 그의 말씀이 세상 끝까지 이르도다 하나님이 해를 위하여 하늘에 장막을 베푸셨도다"(시19:1-4)

3. **활동목표**:

   ① 하나님이 창조하신 해, 달, 별들이 하나님의 계획안에서 움직인다는 것을 이해한다.

   ② 하나님의 계획적인 질서 안에서 행성들이 움직인다는 것을 몸으로 경험한다.

4. **활동영역**: 의

5. **활동유형**: 신체, 자연탐구

6. **활동자료**: 태양계사진, 초, 그림 글자카드(태양계 모형), 리듬막대, 음원(클래식 음원), 분필

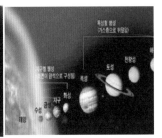

7. **활동초점**: 하나님이 창조하신 우주의 행성들이 하나님의 계획안에서 질서 있게 움직인다는 것을 몸으로 경험하는데 초점을 둔다.

8. 활동방법:

1) 도입

① 태양계 사진을 보여주며 하나님이 넷째 날에 해, 달, 별들을 창조하였음을 이야기 나눈다.

② 수수께끼로 행성들을 알아맞힌다(나는 아주 커요 / 나는 움직이지 않고 항상 그 자리에 있어요 / 나는 불덩어리로 되어 있어요 나는 하나님께서 넷째 날 만들었어요. 태양!).

2) 전개

① 행성들이 태양의 주위를 도는 길을 '궤도'라고 하는데, 태양의 주위를 도는 태양계의 행성들은 항상 움직이지만 결코 자리를 바꾸거나 서로 충돌하지 않는 것이 하나님이 계획을 통해 일하는 것임을 설명한다.

② 초에 불을 켜서 태양을 상징하고, 태양의 주변에 행성들이 돌 수 있도록 궤도를 그려준다.

③ 행성들의 그림 글자카드를 보여주고 유아들이 원하는 행성카드를 들어 태양을 중심으로 '수성, 금성, 지구, 화성~~~ 해왕성까지 순서대로 궤도 위에 선다.

④ 리듬막대의 박자에 맞추어 자기의 궤도에서 벗어나지 않고 음원이 끝날 때 까지 공전(걸음)하게 해본다.

3) 마무리

① 음원이 끝난 후에 어린이의 위치가 서로 달라졌지만 궤도에서 벗어나거나 벗어나지 않았을 때의 상황에 대해 서로 이야기 나눈다.

9. 활동평가:

① 하나님의 계획 가운데 행성들이 질서 있게 움직인다는 것을 이해했는가?

② 하나님의 계획적인 질서 안에서 행성들이 움직인다는 것을 몸으로 경험했는가?

1. **활동제목**: 우리는 하나님 안에서 하나

2. **관련성구**:

"몸이 하나요 성령도 한 분이시니 이와 같이 너희가 부르심의 한 소망 안에서 부르심을 받았느니라 주도 한 분이시요 믿음도 하나요 세례도 하나요 하나님도 한 분이시니 곧 만유의 아버지시라 만유 위에 계시고 만유를 통일하시고 만유 가운데 계시도다"(엡4:4-6)

3. **활동목표**:

① 모든 사람들에게 하나님의 작정하신 계획이 있다는 것을 안다.

② 하나님 계획안에서 사람과의 관계가 맺어짐을 이해한다.

4. **활동영역**: 지

5. **활동유형**: 신체, 언어, 게임

6. **활동자료**: 바닥에 그린 선, 두루마리 휴지, 다양한 세계교회 사진들.

7. **활동초점**: 사람들에게 하나님의 계획이 있음을 알고 하나님 계획안에서 사람의 관계가 맺어짐을 이해하는데 초점을 둔다.

8. **활동방법**:

1)도입

① 세계 여러 나라의 다양한 교회 사진들을 보여주면서 교회가 섬기는 하나님과 교회의 머리 되시는 분에 대해 유아들과 같이 이야기를 나눈다. 교회의 하나 됨과 다양성에 대한 하나님의 계획하심이 무엇인지 유아들의 생각을 듣고 교사가 설명한다.

2) 전개

① 모두가 바닥에 그린 선에 동그랗게 둘러앉는다.

② 교사는 한 유아에게 두루마리 휴지를 굴리며 "하나님이 인도하시는 누구야~ 사랑해!"라고 말한다. 두루마리 휴지를 받은 친구는 다른 친구에게 휴지를 굴리며 "하나님이 인도하시는 누구야~ 사랑해!"라고 하며 둘러 앉아 있는 유아들에게 서로 말을 전한다(하나님과 관계를 맺는 용어를 사용하여 축복해, 용서해, 감사해 등 다양한 말로 전한다).

③ 여러 번 돌고 나면 휴지가 연결되어 있음을 보고 두루마리 휴지로 하나가 된 것이 무엇인지 이야기를 나눈다.

3) 마무리

① 교사는 유아들과 함께 하나님의 인도하심과 사랑 안에서 서로 관계를 맺고 있음을 인식하고 찬양으로 하나님께 영광을 드린다.

9. 활동평가:

① 모든 사람에게 하나님의 작정하신 계획이 있음을 알았는가?

② 모두가 하나님 안에서 관계를 맺고 있음을 이해했는가?

1. **활동제목**: 요셉 이야기

2. **관련성구**:

"하나님이 큰 구원으로 당신들의 생명을 보존하고 당신들의 후손을 세상에 두시려고 나를 당신들보다 먼저 보내셨나니 그런즉 나를 이리로 보낸 이는 당신들이 아니요 하나님이 시라 하나님이 나를 바로에게 아버지를 삼으시고 그 온집의 주로 삼으시며 애굽 온 땅의 통치자로 삼으셨나이다"(창45:7-8)

3. **활동목표**:

① 요셉 이야기를 통해 하나님께서 요셉을 인도하심을 이해한다.

② 스크래치 기법으로 하나님이 요셉을 인도하셨음을 표현해 본다.

4. **활동영역**: 정

5. **활동유형**: 예술, 미술

6. **활동자료**: OHP 필름지, 색연필, 크레파스, 아크릴 물감, 나무젓가락 또는 이쑤시개

7. **활동초점**: 유아들이 요셉의 이야기를 통해 하나님의 인도하심을 이해하고 스크래치 기법으로 하나님이 요셉을 인도하셨음을 표현하는데 초점을 둔다.

8. **활동방법**:

1) 도입

① '하나님께서 요셉을 인도하셨어요. 2-5의 이야기를 화이트보드에 그려가면서 회상해본다. 교사는 원하는 유아가 있다면 직접 그려 보도록 한다.

2) 전개

① 요셉 이야기에서 요셉이 억울하게 갇히게 되었을 때 하나님이 인도하심을 믿는 마음을 색으로 표현해 본다.

② 아크릴 물감을 사용하여 인내, 오래 참음, 소망, 기다림 등을 OHP 필름지 위에 붓으로 색을 칠해 표현해 본다.

③ ①과 ②를 표현한 OHP 필름지 그림을 나무젓가락 또는 이쑤시개를 사용하여 요셉의 이야기를 스크래치 기법으로 표현해 본다.

3)마무리

① 그림들을 다른 유아들에게 보여주고 전시한다.

9. 활동평가:

① 유아가 요셉 이야기를 통해 하나님께서 요셉을 어떻게 인도하셨는지를 이해했는가?

② 유아가 스크래치 기법으로 하나님이 요셉을 인도하셨음을 알고 표현했는가?

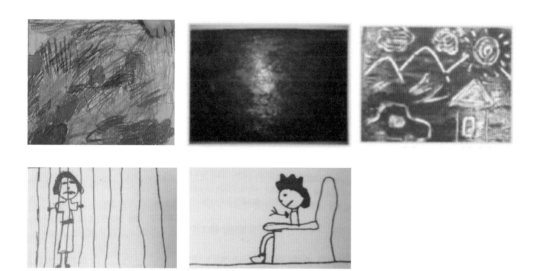

1. **활동제목**: 꼬치요리 만들기

2. **관련성구**:

"여호와께서 아브라함에게 이르시되 너는 반드시 알라 네 자손이 이방에서 객이 되어 그들을 섬기겠고 그들은 사백년 동안 네 자손을 괴롭히리니 그들이 섬기는 나라를 내가 징벌할지며 그 후에 네 자손이 큰 재물을 이끌고 나오리라"(창15:13-14)

3. **활동목표**:

① 하나님이 우리의 삶을 계획하시고 인도하시는 분임을 이해한다.

② 하나님이 계획하여 우리를 인도하시는 것처럼 유아들이 요리에 대한 계획을 세워 실천해 본다.

4. **활동영역**: 의

5. **활동유형**: 요리

6. **활동자료**: 필기구(색연필, 연필, 지우개, 화지), 여러 가지 과일과 꼬치 재료들(제철과일, 햄, 다양한 꼬치 재료들)

7. **활동초점**: 하나님이 우리를 계획하시고 인도하시는 것처럼 요리 재료를 가지고 계획을 세워 요리활동을 해봄으로 하나님의 인도하심을 이해하고 경험하는데 초점을 둔다.

8. **활동방법**:

1) 도입

① 계절 과일들이 어떤 것들이 있는지 알아보고 하나님이 계절에 맞도록 다양한 과일들을 계획적으로 우리에게 주셨다는 것을 이야기 해본다.

② 유아에게 꼬치요리를 만드는데 어떤 재료가 적당한지 탐색해보고 계획한 꼬치 요리를 그림으로 그려 보관한다.

2) 전개

① 요리하기 위해 손을 깨끗이 씻고 각자 재료를 선택한다.

② 먹기 적당한 크기로 자르고 계획대로 꼬치를 만든다.

③ 완성된 요리를 접시에 담고 도구와 책상을 원래의 상태로 정리한다.

3) 마무리

① 그림으로 그려 놓았던 계획서를 갖고 와서 완성된 요리와 비교한다.

② 대접하고 싶었던 사람과 다른 유아에게 요리를 대접한다.

9. 활동평가:

① 하나님이 우리의 삶을 계획하고 인도하신다는 것을 이해했는가?

② 유아가 꼬치 요리를 통해 계획한 대로 요리활동을 했는가?

열 번째 교리 이야기

천지창조

태초에 하나님께서 하늘과 땅을 창조하셨습니다. 그런데 그 땅은 지금처럼 짜임새 있는 모습이 아니었고, 생물 하나 없이 텅 비어 있었습니다. 어둠이 깊은 바다를 덮고 있었고, 하나님의 영은 물 위에서 움직이고 계셨습니다. 그 때에 하나님께서 말씀하셨습니다. "빛이 생겨라!" 그러자 빛이 생겼습니다. 그 빛이 하나님께서 보시기에 좋았습니다. 하나님께서 빛과 어둠을 나누셨습니다. 하나님께서는 빛을 '낮'이라 부르시고, 어둠을 '밤'이라 부르셨습니다. 저녁이 지나고 아침이 되니, 이 날이 첫째 날이었습니다.(쉬운 성경 창세기 1장 1절-5절)

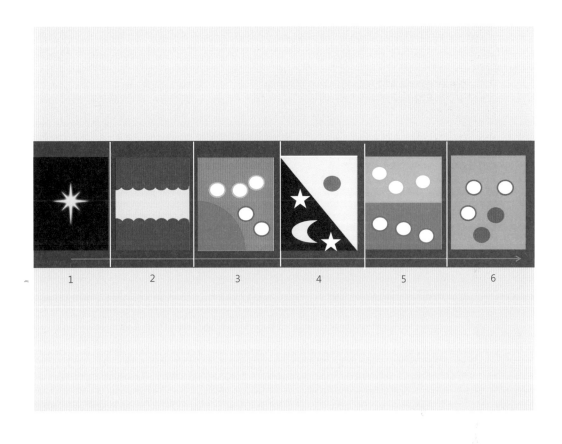

천지 창조

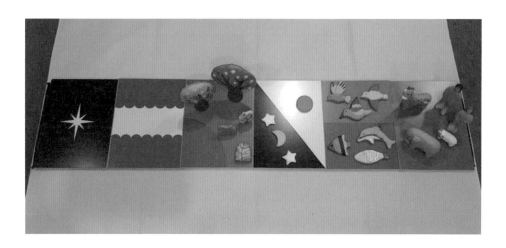

★ **나이:**

  A) 4-7세, 8-10세

★ **자료출처:**

  A) 소요리 문답 9문

  B) 창1:1-31

★ **교회력:**

  A) 특별한 시기 없음

★ **영적 필요조건:**

  A) 유아가 하나님이 하신 사역과 우주만물의 창조를 알고 싶어 할 때 제시

★ **제시 필요조건:**

  A) 웨스트민스터 소요리 문답 순서에 맞춤

★ **교리문답:**

  9문: 하나님께서 창조하신 일이 무엇입니까?

  하나님께서 창조하신 일은 엿새 동안 아무것도 없는 중에 그분의 능력 있는 말씀으로 만물을 지으셨고 하나님 보시기에 모든 것이 좋았습니다.

★ 신학적 관점:

성경은 태초에 하나님이 천지를 창조하셨다고 선포한다(창1:1). 성경은 하나님의 존재를 증명하지 않고 하나님이 말씀으로 세상을 어떻게 드러나게 하였는지를 알려준다. 삼위일체 하나님은 창조사역에 관하여 신적 존재의 능력과 속성을 만물의 창조를 통해 계시하신다(롬1:20). 하나님 창조의 목적은 하나님 자신의 온전한 영광을 드러내는 것으로 완전하고 충만하신 영광을 온 우주의 만물을 통해 선포하시며 나타내는 것이다(김은수, 2011). 온 우주는 하나님의 계시로 선하고 아름답게 창조되었고 매 창조의 순간마다 그것을 기뻐하셨다. 하나님의 우주만물 창조는 말씀의 선포를 통한 일치성과 창조세계의 질서적 다양성을 드러내는 무에서 유로의 창조였다. 벌코프(Berkhof)는 창조의 정의를 하나님의 주권적 의지로 자신의 영광을 위해 모든 가시적, 불가시적 우주에 대해 재료를 사용하지 않고 창조하여 자신과 구별되고 창조주를 의존하는 실체가 되게 한 자유로운 행동으로 정의한다. 특히 창조의 절정은 하나님의 형상으로 창조된 인간이다(창1:26-27). 인간은 창조세계의 대리자로 창조를 통해 계시된 모든 것들의 탐구자, 관리자, 하나님의 영광을 드러내는 자로 원초적 부르심을 받은 존재이다. 인간은 원형이신 하나님의 영광을 자신과 창조세계가 드러내 주고 있는 신성과 하나님의 속성들을 발견하여 선포하는 하나님의 형상이다. 하나님이 피조세계를 보고 좋아하셨듯이 인간은 피조세계 안에서 하나님의 영광을 보고 드러내고 뛰놀아야 할 존재이다. 온 세상은 그렇게 선하고 좋게 창조되었다!

★ 직접 목적:

하나님이 천지와 온 우주만물을 창조하셨음을 알게 한다.

하나님이 천지와 온 우주를 창조하실 때 선하고 좋게 창조하셨음을 안다.

★ 간접 목적:

창조세계는 하나님의 선함과 아름다움의 표현임을 정서적으로 경험한다.

인간은 창조세계의 선함을 경험할 수 있는 하나님의 형상임을 이해한다.

★ 교리 교구들:

교리이야기 상자, 교리이야기 펠트, 천지창조 펠트(검정색), 6개의 천지창조 판(나무에 밑그림이 그려져 있음), 열매 맺는 나무(2개-크고 작음), 식물(3개), 해, 달, 별(3개), 새(3개), 물고기(3개), 아담, 하와, 동물(다른 것 3개), 각 날을 구분하는 끈 5개

★ 교리 이야기: 첫 번째 세시

유아들이 원을 그리고 앉으면 교사는 '교리교육 이야기'가 있는 선반으로 가서 **"천지 창조"** 교리 이야기가 들어 있는 상자와 성경을 가져온다. 교사는 교구를 앞에 놓고 잠시 묵상의 시간을 가지고 성경을 보고 만지면서 말씀이 형성되면 이야기 한다.

"하나님은 우리에게 많은 선물들을 주셨어요. 그 중에 하나님에 대해 바로 알 수 있도록 주신 선물이 성경이에요. 성경은 하나님과 우리를 진실하게 알게 해주는 책이에요. 하나님은 많은 사람들을 감동시키셔서 오랫동안 이 책을 쓰게 하였어요. 이러한 성경 전체를 알 수 있게 해주는 것이 교리입니다. 교리는 하나님과 우리에 대해 명확하게 알게 해줘요. 이 상자에는 하나님이 주신 놀랍고 큰 선물 이야기가 들어 있어요"

상자를 조심스럽게 열어 교리 이야기 펠트를 꺼내 펴고 Trace 하고 나서 말한다.

"여러분이 받은 것 중에 가장 큰 선물은 무엇인가요?"

유아들의 삶에서 받은 귀한 선물에 대해 같이 이야기를 나누고 말한다.

"이것은 보기가 어려울 정도로 아주 큰 선물입니다. 이것은 매우 커서 여기에 있다는 것도 잊어버릴 정도랍니다. 만일 우리가 처음 시작으로 돌아가지 않는 다면 이것을 볼 수 없을 거에요."

천천히 검정색 천지창조 펠트를 trace하고 나서 말한다.

"처음 시작에는 하나님 외에 아무것도 없었어요."

검정색 펠트를 교사는 다시 손가락으로 아무것도 없다는 것을 보여주기 위하여 trace를 한다.

"첫째 날에 하나님께서는 우리에게 빛의 선물을 주셨어요. 하나님은 빛이 있으라고 말씀 하셨고 빛이 있었어요. "

어둠과 빛 카드를 들어 보여주고 펠트 왼쪽 끝에 놓는다.

빛이 있는 부분을 만진다.

"이 빛은 방에 있는 빛이나 불 빛이 아니에요. 태양, 달,별과 같은 빛도 아니에요. 이것은 모든 빛이에요. 이 빛이 다른 모든 빛을 만듭니다. 하나님께서 빛을 보았을 때 말씀하셨어요. "그것 참 좋구나." 하나님은 빛을 낮이라 부르시고 어둠을 밤이라 부르셨어요."

빛의 카드를 만지면서 교사는 양손을 올려 그 카드 위로 내리면서 축복한다.

"첫째 날이 가고 둘째 날이 왔어요."

끈을 빛과 어둠의 카드 옆에 놓아 날을 나눈다.

"둘째 날에 하나님은 우리에게 물을 선물로 주셨어요. 하나님은 물 가운데 둥근 공간이 생겨 물이 둘로 나뉘라고 말씀했어요."

물, 궁창 카드를 상자에서 들어 보여주고 빛의 카드 옆에 놓는다. 물이 있는 부분을 만지면서 말한다.

"이 물은 유리잔 물이나 빗 물이 아니에요. 이것은 모든 물을 말합니다. 이 물은 다른 물을 만들어요. 하나님은 물 가운데 둥근 공간을 하늘이라고 말했어요. 그리고 이 모든 것에 대해 말씀했어요." "그것 참 좋구나."

물, 궁창 카드를 만지면서 교사는 양손을 올려 그 카드 위로 내리면서 축복한다.

"둘째 날이 가고 셋째 날이 왔어요."

끈을 물, 궁창 카드 옆에 놓아 날을 나눈다.

"셋째 날에 하나님께서는 우리에게 마른 땅을 선물로 주셨어요. 하나님은 천하의 물이 한 곳으로 모이고 땅이 나타나라고 말씀했어요."

땅의 카드를 상자에서 들어 보여주고 물, 궁창 카드 옆에 놓고 말한다.

"그리고 하나님은 풀과 씨를 가진 채소와 열매 맺는 나무를 종류대로 자라라고 말씀했어요 하나님은 자라는 것들을 선물로 주셨어요."

풀과 채소와 나무를 땅의 카드 위에 순서에 따라 놓는다.

땅의 카드를 trace 하면서 말한다.

"이것은 땅과 모든 푸르게 자라는 것들을 말합니다. 하나님은 모인 물을 바다라고 말씀하시고 마른 땅과 모든 푸르게 자라는 것들을 보시고 말했어요."

"그것들 참 좋구나."

땅의 카드를 만지면서 교사는 양손을 올려 그 카드 위로 내리면서 축복한다.

"셋째 날이 가고 넷째 날이 왔어요. "

끈을 땅의 카드 옆에 놓아 날을 나눈다.

"넷째 날에 하나님은 우리에게 큰 빛의 선물을 주셨어요."

큰 빛의 카드를 보여주면서 땅의 카드 옆에 놓으면서 말한다.

"하나님은 하늘에 큰 빛이 있어서 낮과 밤을 나뉘게 하고 그것으로 계절과 날과 해를 구분하였어요."

"태양으로 낮에 비추도록 하셨어요."

큰 빛의 카드에 밝은 부분을 trace하면서 태양 모형을 놓는다.

"달과 별들로 밤을 비추게 하셨어요."

큰 빛의 카드 어두운 부분을 trace하면서 달과 별들 모형을 놓는다.

"하나님이 큰 빛을 보았을 때 말씀하셨어요."   **"그것들 참 좋구나."**

큰 빛의 카드를 만지면서 교사는 양손을 올려 그 카드 위로 내리면서 축복한다.

"넷째 날이 가고 다섯째 날이 왔어요."

끈을 큰 빛의 카드 옆에 놓아 날을 나눈다.

"다섯째 날에 하나님은 우리에게 바다의 물고기와 하늘의 새를 선물로 주셨어요."

물고기, 새 카드를 보여주고 큰 빛의 카드 옆에 놓으면서 말한다.

"하나님은 바다에는 물고기가 하늘에는 새가 날라고 말했어요. 하나님은 바다의 물고기와 하늘의 새들을 종류별로 창조하셨어요. 그리고 그들에게 태어나고 자라서 바다와 하늘에서 번성하라고 말씀하였지요."

물고기, 새 카드 위에 물고기와 새들을 놓는다. 잠시 멈추고 바라보면서 말한다.

"하나님은 물고기와 새를 보시면서 말했어요."   **"그것들 참 좋구나."**

물고기, 새 카드를 만지면서 교사는 양손을 올려 그 카드 위로 내리면서 축복한다.

"다섯째 날이 가고 여섯째 날이 왔어요."

끈을 물고기, 새 카드 옆에 놓아 날을 나눈다.

"여섯째 날에 하나님은 우리에게 지구 위를 걸어 다니는 동물들을 선물로 주셨어요."

동물, 사람 카드를 보여주고 물고기, 새 카드 옆에 놓으면서 말한다.

"하나님은 땅의 동물들과 기어 다니는 것을 종류별로 만드셨어요."

동물들을 카드 위에 올려 놓는다.

"또한 하나님은 자신의 모양을 따라 사람을 만드셨는데 남자와 여자를 만드셨어요."

남자와 여자 사람을 카드 위에 놓고 사람을 만지면서 말한다.

"하나님은 사람에게 복을 주시면서 태어나서 자라고 땅에 많아지고 내가 만든 모든 동물과 생물들을 잘 관리하고 다스리라고 말씀했지요. 또한 모든 채소와 열매를 사람들이 먹을 수 있도록 주었어요."

동물들을 만지면서 말한다.

"하나님은 땅의 모든 동물들에게도 푸른 풀을 먹을 수 있도록 했어요."

교사는 잠시 침묵하고 그것들을 바라본다.

"하나님이 동물들과 사람을 보셨을 때 말했어요." "그것 참 좋구나."

동물, 사람 카드를 만지면서 그들을 축복한다.

잠깐 멈추고 천천히 교사는 양손을 모든 카드 위에 내리고 올리는 축복의 동작을 하면서 말한다.

"하나님은 창조하신 모든 것을 보시면서 말씀했어요." "그것들 정말 좋구나."

교사는 잠시 침묵하고 나서 교리 질문을 한다.

★ 교리질문:

A) 세상의 처음에는 누가 있었나요?

B) 하나님은 어떻게 세상을 만들었나요?

C) 하나님은 만드신 모든 것들을 보면서 무엇이라 말했나요?

D) 하나님은 인간을 어떻게 만드시고 어떤 복을 주셨나요?

E) 왜 하나님은 온 우주 만물들을 만들었을까요?

★ 교리 이야기: 두 번째 제시

1) 교사는 첫 번째 제시를 다시 한번 반복하여 제시한다.

2) 말씀카드 상자에서 그림말씀 카드를 꺼내 말씀을 읽고 천지창조 각각의 카드 위에 순서에 따라 놓는다.

3) 천지창조 카드 하단에 위의 그림말씀 카드 순서를 따라 그림카드를 찾아 매칭시킨다.

4) 말씀카드 상자에서 그림카드에 해당하는 말씀 카드를 찾아 읽고 그림카드 밑에 매칭시킨다.

5) 같은 방법으로 나머지 카드들을 그림과 말씀을 매칭시킨다.

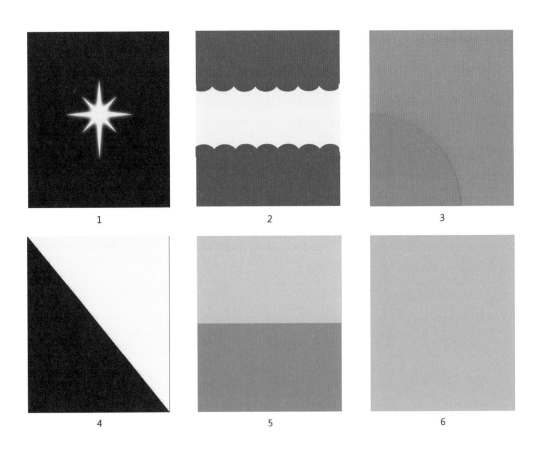

세상을 만드신 하나님

작사: 박용윤
작곡: 박용윤

빛을 만드시고 세상을 환하게하셨 네
하늘과땅 가르시고 모든만물 지으셨네 온세상 만드시었 네
시원한 바람과 단 비도 내려주시네 아름
다 운 이 세 상 사랑으로만-드셨 네

★ 관련 직입 활동(Art Material):

1. **활동제목**: 창조 스노우 볼 만들기

2. **관련성구**:

"태초에 하나님이 천지를 창조하시니라"(창1:1)

"하나님이 지으신 그 모든 것을 보시니 보시기에 심히 좋았더라"(창1:31)

3. **활동목표**:

① 하나님이 우주만물을 선하게 창조하셨음을 안다.

② 하나님이 창조세계를 사람에게 선물로 주셨음을 이해한다.

4. **활동영역**: 지

5. **활동유형**: 이야기 나누기, 미술

6. **활동자료**: 스노우볼, 반짝이

7. **활동초점**: 하나님께서 우주만물을 선하게 창조하셨음을 알고, 스노우볼 활동을 통해 자연이 주는 아름다움과 이웃에게 전하는 창조의 선한 기쁨을 함께 누리는데 초점을 둔다.

8. **활동방법**:

1) 도입

① 교사는 유아와 함께 천지창조 스토리 북을 보면서 하나님께서 우주만물을 '선하게' 창조하셨다는 것을 상기시킨다.

② 일상의 삶에서 경험하는 선한 모습을 통해 우리가 하나님의 '선하심'이 나타난 피조물임을 이야기 나눈다.

2) 전개

① 하나님께서 선하심을 반영하여 만물을 창조하셨듯이 우리의 선한 행동 이면에는 사랑의 마음이 있음을 이야기 나누면서 깨닫도록 돕는다.

② 사랑의 마음을 표현하는 스노우 볼을 만들어 본다. 만든 스노우 볼을 선물 할 수 있고, 교실이나 집에서 일정기간 전시하여 사랑의 마음과 선함을 생각하도록 한다.

③ 투명한 작은 유리병을 가지고 가까운 공원에 나가 하나님의 솜씨로 만들어진 자연물을 담는다. 다 만든 후에 반짝이를 넣어 꾸민다.

④ 하나님이 만든 자연물을 스노우 볼에 담으며 어떤 마음이었는지 이야기 나눈다.

스노우 볼 만드는 방법: http://sharehows.com/how-to-make-snowball

3) 마무리

① 친구에게 스노우 볼을 선물하고 받고 나누어 준 친구 모두 소감을 이야기 나눈다.

② 하나님의 창조는 모두를 기쁘게 하는 선한 창조임을 이야기 나눈다.

9. **활동평가:**

　① 하나님이 만드신 세상이 선하게 창조되었음을 유아는 알았는가?

　② 하나님이 우리에게 주신 모든 만물이 선물임을 이해하고 유아가 기뻐하는가?

1. **활동제목**: 찰칵 찰칵 모아요 모아

2. **관련성구**:

"하나님이 지으신 그 모든 것을 보시니 보시기에 심히 좋았더라"(창1:31)

3. **활동목표**:

① 아름다운 창조물을 찾아 사진으로 촬영하여 하나님의 경이로움과 아름다움을 느낀다.

② 하나님의 창조는 사람의 마음을 기쁘게 하는 힘이 있음을 경험한다.

4. **활동영역**: 정

5. **활동유형**: 예술, 바깥놀이

6. **활동자료**: 폴라로이드 카메라, 사진을 걸 수 있는 판

7. **활동초점**: 가까운 공원에 나가 하나님이 만드신 자연을 살펴보고 아름다운 대상을 선택하여 사진을 촬영하고 자신이 선택한 대상에 반영된 하나님의 경이로운 솜씨와 아름다움을 경험해 본다. 그리고 하나님이 만드신 아름다운 자연을 통해 유아가 기쁨을 느끼도록 하는데 초점을 둔다.

8. **활동방법**:

1) 도입

① 가까운 공원에 나가 보이는 것들에 대해 이야기 나눈다.

② 공원에서 볼 수 있는 것들 중 하나님이 만드신 것에 대해 이야기 나눈다.

2) 전개

① 폴라로이드 카메라 사용방법을 알려준다.

② 보이는 자연물 중에 아름다운 것들을 카메라로 촬영한다.

③ 각자 세 장씩 촬영한다.

④ 유아들이 촬영한 사진들을 판에 붙인다.

3) 마무리

① 자신과 다른 친구들이 촬영해 온 하나님의 솜씨를 보며 어떤 느낌인지 이야기 나눈다. 자신이 촬영한 사진을 왜 찍게 되었는지, 촬영하는 동안 어떤 느낌이었는지를 교사는 유아와 이야기 나눈다.

9. 활동평가:

① 유아들이 자연물을 통해 하나님의 경이로운 솜씨와 아름다움을 느끼는가?

② 하나님이 만드신 자연을 보며 기뻐하는가?

1. **활동제목**: 창조 도미노

2. **관련성구**:

"태초에 하나님이 천지를 창조하시니라 땅이 혼돈하고 공허하며 흑암이 깊음 위에 있고 하나님의 영은 수면 위에 운행하시니라"(창1:1-2)

3. **활동목표**:

① 창조 순서를 활동을 통해 표현해 본다.

② 도미노 활동을 통해 하나님의 창조세계가 질서 정연함을 배운다.

4. **활동영역**: 의

5. **활동유형**: 수 조작

6. **활동자료**: 창조 도미노 교구

7. **활동초점**: 하나님이 창조하신 순서를 도미노 활동을 통해 표현해 보며 창조세계가 질서정연하다는 것을 배우는데 초점을 둔다.

8. **활동방법**:

1) 도입

① 천지창조 이야기를 회상하며 창조 순서 그림을 보여준다.

② 창조 순서대로 유아가 도미노 그림을 구성해 본다.

2) 전개

① 창조순서 대로 교사와 유아가 함께 창조 도미노를 만든다.

② 창조 도미노를 모두 세운다.

③ 각 창조 날에 해당하는 질문을 하면서 유아들과 이야기를 나눈다.

④ 이야기를 나눈 후 창조 순서대로 도미노를 쓰러뜨려 본다.

3) 마무리

① 쓰러진 교구들을 순서대로 정리하면서 하나님 창조의 정연함을 이야기 나눈다.

9. 활동평가:

① 유아가 창조 도미노 활동을 통해 창조 순서를 이해했는가?

② 하나님이 창조하신 세계가 질서 정연함을 활동을 통해 배웠는가?

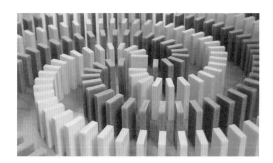 

열 한 번째 교리 이야기

하나님이 사람을 만들었어요.

하나님께서 말씀하셨습니다. "우리가 우리의 모습과 형상대로 사람을 만들자. 그래서 바다의 물고기와 공중의 새와 온갖 가축과 들짐승과 땅 위에 기어 다니는 모든 생물을 다스리게 하자." 그래서 하나님께서 하나님의 형상대로 사람을 창조하시되, 남자와 여자를 만드셨습니다. 하나님께서 사람에게 복을 주시며 말씀하셨습니다. "자녀를 많이 낳고 번성하여 땅을 채워라. 땅을 정복하여라. 바다의 물고기와 하늘의 새와 땅 위에 움직이는 모든 생물을 다스려라."(쉬운 성경 창세기 1장 26절-28절)

여호와 하나님께서 말씀하셨습니다. "남자가 혼자 있는 것이 좋지 않으니, 내가 그에게 그를 도울 짝을 만들어 줄 것이다." 여호와 하나님께서 흙으로 지으신 들의 모든 짐승과 공중의 모든 새를 아담에게 이끌고 가셔서, 아담이 그것들의 이름을 어떻게 짓는지를 보셨습니다. 아담이 모든 생물의 이름을 지어 부르면, 그것이 곧 그것들의 이름이 되었습니다. 아담이 모든 가축과 공중의 새들과 들의 모든 짐승에게 이름을 지어 주었습니다. 하지만 아담은 자기를 도와 줄 수 있는 자기와 같은 형상을 가진 짝이 없었습니다. 그래서 여호와 하나님께서 아담을 깊이 잠들도록 하셨습니다. 아담이 잠든 사이, 여호와 하나님께서 아담의 갈비뼈 하나를 꺼내시고, 그 자리를 살로 메우셨습니다. 그리고는 아담에게서 꺼낸 갈비뼈로 여자를 만드시고, 그녀를 아담에게 데리고 가셨습니다. 그러자 아담이 말했습니다. "아, 내 뼈 중의 뼈요, 내 살 중의 살이구나. 남자에게서 나왔으므로, 여자라고 부를 것이다.""(쉬운 성경 창세기 2장 18절-23절)

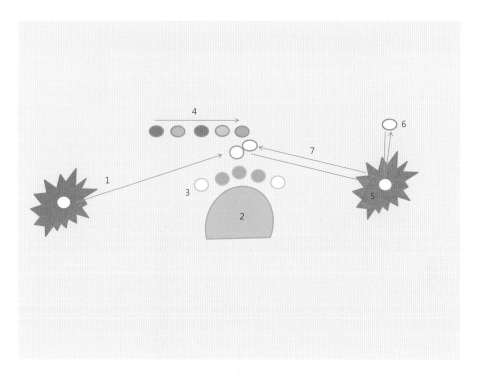

하나님이 사람을 만들었어요

★ **나이:**

   A) 4-7세

★ **자료출처:**

   A) 소요리 문답 10문

   B) 창1:26-28, 창2:7-15, 창2:18-23

★ **교회력:**

   A) 특별한 시기 없음

★ **영적 필요조건:**

   A) 유아가 자신과 인간에 대해 알고 싶어 할 때 제시

★ **제시 필요조건:**

   A) 웨스트민스터 소요리 문답 순서에 맞춤

★ **교리문답:**

   10문: 하나님께서 사람을 어떻게 지으셨습니까?

      하나님께서는 사람을 남자와 여자로 지으시되 자기의 형상대로 지식과 의와 거룩
      함으로 창조하시어 피조물을 다스리게 하셨습니다.

★ 신학적 관점:

하나님은 6일째 되던 날에 인간을 창조의 면류관으로 지으셨다. 인간에게는 다른 피조물과는 다른 특별한 부분이 있다. 곧 하나님의 형상으로 창조되었다는 점이다(창1:26-27). 하나님의 형상에 대한 개념은 신학적으로 여러 개념으로 해석될 수 있으나 전통적이고 구조적인 해석에 의하면 '지식, 의, 거룩함'을 하나님의 형상으로, 기능론적으로 본다면 다른 피조물을 관리하고 다스리는 권세를, 관계론적 측면은 삼위일체 하나님의 완전한 교제의 관계와 같이 인간도 남자와 여자로 창조되어 한 몸으로 연합하여 존재한다는 점에서의 하나님 형상을 말한다(김은수, 2011). 또한 인간에게 주신 하나님의 독특한 명령은 피조 세계를 정복하고 관리하는 청지기적 소명에 있다(창1:28). 이것을 문화명령이라 말하는 것은 인간은 자연세계를 다스리고 관리함을 통해 하나님의 영광을 드러내는 문화를 창조할 수 있는 능력을 소유한 존재이기 때문이다. 인간의 이러한 독특한 위치와 측면은 아담이 동물들의 이름을 짓는 데서도 나타난다. 하나님은 흙으로 동물들을 만드시고 아담이 어떻게 이름을 짓는가 보시려고 이끌어 오신다. 아담은 즉시 동물들의 이름을 짓는데 이러한 아담의 능력은 하나님 형상을 통해 인간에게 주어진 독특한 능력이었다(창2:19). 하나님의 형상으로 창조된 인간은 모든 피조 세계를 관리하고 다스릴 지적 능력과 하나님의 선한 창조세계의 청지기로서 소명을 감당할 수 있는 의와 거룩함을 가진 존재였다. 피조 세계에서 인간의 위치는 독특하고 귀중하였다.

★ 직접 목적:

인간은 도덕적 성품, 이성, 의로움을 가진 하나님의 형상으로 창조되었음을 안다.

하나님이 인간에게 모든 자연과 동물들을 관리하라고 맡겼음을 이해한다.

★ 간접 목적:

유아가 지식을 활용할 수 있도록 창조되었음을 이해한다.

유아가 의로운 태도를 가지도록 창조되었음을 안다.

유아가 하나님과 관계를 가질 수 있도록 창조되었음을 이해한다.

★ 교리 교구들:

교리이야기 상자, 교리이야기 펠트, 아담, 하와, 동물들(양, 코끼리, 기린, 고양이, 비둘기), 에덴동산, 열매 맺는 나무(2개), 풀(3개), 흙을 보여주는 작은 알갱이 산.

★ 교리 이야기: 첫 번째 제시

유아들이 원을 그리고 앉으면 교사는 '교리교육 이야기'가 있는 선반으로 가서 **"하나님이 사람을 만드셨어요"** 교리 이야기가 들어 있는 상자와 성경을 가져온다. 교사는 교구를 앞에 놓고 잠시 묵상의 시간을 가지고 성경을 보고 만지면서 말씀이 형성되면 이야기 한다.

"하나님은 우리에게 너무나 많고 큰 선물들을 주셨어요. 그 중에서 하나님에 대해 바로 알 수 있도록 주신 선물이 성경이에요. 성경은 하나님과 우리를 진실하게 알게 하는 책이에요. 성경은 하나님이 많은 사람들을 감동시키셔서 오랫동안 쓰도록 하신 하나님의 책이에요. 이러한 성경을 전체적으로 알 수 있도록 해주는 것이 교리입니다. 교리는 하나님과 우리에 대해 명확하게 알게 해줘요. 여기 이 상자에는 하나님이 사람을 어떻게 만드셨는지를 알려주는 이야기가 들어 있어요"

상자를 조심스럽게 열어 교리 이야기 펠트를 꺼내 펴고 Trace 하고 나서 말한다.

"하나님은 말씀으로 온 세상을 창조하셨어요. 6일째 되던 날에 하나님은 사람을 창조하였지요. 하나님은 말씀했어요. 우리의 모습과 모양대로 사람을 만들자. 그래서 바다의 물고기와 공중의 새, 땅에 다니는 가축과 모든 들 짐승들을 다스리게 하자라고 말씀하였어요."

아담을 펠트 왼쪽에 뉘이고 작은 알갱이 산으로 아담을 덮는다.

"하나님은 땅의 흙으로 사람을 만드시고 코에 생명의 호흡을 불어넣으셨어요."

손으로 주위를 가리고 작은 알갱이 산을 교사가 숨을 불으면서 한 손으로 흙 알갱이를 거두어 아담을 일으켜 세우고 말한다.

"그리고 사람은 생명을 가지게 되었지요."

펠트 중앙에 에덴 동산을 놓고 trace하면서 말한다.

"하나님은 동쪽에 에덴이라는 동산을 만드시고 사람을 거기로 인도하였지요.

"에덴은 열매 맺는 나무와 많은 식물들이 자라는 아름다운 곳이에요."

아담을 에덴 앞으로 이동시키고 동산 앞에 나무와 풀을 놓은 다음 말한다.

"하나님은 흙으로 만드신 들의 모든 짐승과 공중의 새들을 아담에게로 이끌어 왔어요."

교사는 아담을 만지면서 말한다.

"하나님은 아담이 동물들의 이름을 어떻게 짓는지 궁금했어요."

"아담은 모든 가축과 공중의 새들과 들 짐승들의 아름을 불렀고 그러면 그것이 곧 동물들의 이름이 되었어요. 아담은 하나님의 모습을 닮아서 동물들의 이름을 지어줄 수 있었지요."

교사는 동물들을 하나씩 꺼내어 아담 앞으로 지나가게 이동시키면서 이름을 부른다.

"양, 코끼리, 기린, 고양이, 비둘기!!"

교사는 아담을 trace하면서 말한다.

"하나님은 말씀했어요. 사람이 혼자 있는 것이 좋지 않으니 내가 그를 도울 짝을 만들어 줄 것이다."

교사는 알갱이 산을 모으고 거기로 아담을 이동시켜 얼굴은 보이게 하고 몸은 알갱이 산에 묻는다. 아담을 trace하면서 말한다.

"하나님은 아담을 깊이 잠들게 하였어요. 하나님은 아담에게서 갈비뼈 하나를 꺼내 살로 채워 여자를 만드셨어요."

교사는 알갱이 산에 묻혀 있는 아담의 가슴 부분을 여는 제스처를 보인다.

교사는 손으로 주무르는 제스처를 하고 하와를 아담의 가슴에 대고 거리를 떨어뜨려서 놓는다.

하나님은 여자를 아담에게로 데리고 왔어요.

교사는 하와를 아담에게로 이동시킨다. 아담과 하와를 trace하면서 말한다.

"아담은 여자를 보고 말했어요. 아 내 뼈 중의 뼈요 내 살 중에 살이구나. 남자에게서 나왔으니까 여자라고 부른다."

교사는 아담과 하와를 에덴 동산으로 이동시킨다. 교사는 에덴동산 전체를 trace하면서 축복의 제스처를 하고 말한다.

"하나님은 이들 모두를 축복하셨어요. 그리고 말했지요. 생육하고 번성하여 땅에 충만해라. 땅을 정복하고 바다의 물고기와 하늘의 새, 땅 위에 움직이는 모든 생물들을 다스려라."

교사는 아담과 하와를 만지면서 말한다.

"에덴 동산에서 아담과 하와는 기쁨과 행복이 가득하였지요."

"하나님도 그들을 사랑하고 축복하였어요."

교사는 잠시 침묵하면서 에덴을 바라보고 나서 교리 질문을 한다.

★ 교리질문:

　A) 하나님은 사람을 어떻게 만들었나요?

　B) 왜 하나님은 동물들을 아담에게로 이끌어 왔나요?

　C) 왜 하나님은 아담이 혼자 있는 것을 좋지 않게 생각했나요? 그래서 어떻게 했나요?

　D) 하나님은 에덴 동산에 있는 사람에게 어떤 일을 맡기셨나요?

　E) 하나님과 사람이 닮은 부분은 무엇인가요?

하나님의 모습대로

작사: 박용윤
작곡: 박용윤

★ 관련 작업 활동(Art Material):

1. **활동제목**: 남자 여자 찾기 게임

2. **관련성구**:

"아담이 이르되 이는 내 뼈 중의 뼈요 살 중의 살이라 이것을 남자에게서 취하였은즉 여자라 부르리라 하니라"(창2:23)

3. **활동목표**:

① 하나님이 인간을 남자와 여자로 창조하셨음을 이해한다.

② 하나님은 모든 생물과 동물들을 암, 수를 구별하여 창조하셨음을 안다.

4. **활동영역**: 지

5. **활동유형**: 수학, 게임

6. **활동자료**: 동물원 놀이장면 그림, 종이인형, 가위, 풀, 색연필, 자연 그림판

7. **활동초점**: 사람과 동물들을 종이인형으로 꾸며보는 과정을 통해 하나님이 창조하신 모든 사람과 동물들은 남자, 여자, 암, 수로 창조하였음을 이해하는데 초점을 둔다.

8. **활동방법**:

1) 도입

① 다양한 사람과 동물그림이 그려 있는 동물원 그림을 준비하여 유아에게 보여준다.

② 동물원에서 놀고 있는 아이들 그림을 보며 남자, 여자를 구분하여 찾아본다.

2) 전개

① 유아들이 찾은 남자, 여자를 보며 하나님은 사람을 남자, 여자로 구분하여 창조하였음을 이야기 나눈다.

② 사람뿐만 아니라 동물들도 수컷, 암컷이 있음을 이야기 나누고 그림에서 같은 동물들을 가위로 오린다.

③ 같은 동물의 수컷, 암컷, 놀고 있는 어린이들의 모습에서 남자, 여자를 구분하여 가위로 오려 종이인형을 만든다.

④ 종이인형 만든 것을 숲 속, 바다, 잔디밭이 펼쳐진 자연 그림판 위에 올려놓으며 이야기 꾸미기 놀이를 한다.

3) 마무리

① 하나님은 사람을 남자, 여자로 동물들을 암컷, 수컷으로 구분하여 만들어 서로 도우며 살도록 하기 위한 것임을 이야기 나눈다.

9. 활동평가:

① 하나님이 사람을 남자, 여자로 구분되어 창조하였음을 이해했는가?

② 하나님이 모든 동물들을 암컷, 수컷으로 구분하여 창조하였음을 알았는가?

③ 하나님이 사람을 남자, 여자로 구별하여 창조한 것이 서로 돕기 위한 것임을 아는가?

1. **활동제목**: 조물조물 후~

2. **관련 성구**:

"여호와 하나님이 땅의 흙으로 사람을 지으시고 생기를 그 코에 불어넣으시니 사람이 생령이 되니라"(창2:7)

3. **활동목표**:

① 찰흙으로 사람을 만들어 봄으로 하나님이 사람을 만드실 때 마음이 어떠했는지 경험해 본다.

② 유아가 찰흙으로 빚은 사람을 소중히 여김과 같이 하나님도 우리를 소중히 여기심을 감각적으로 느껴본다.

4. **활동영역**: 정

5. **활동유형**: 예술, 미술

6. **활동자료**: 찰흙, 찰흙 판, 찰흙 칼

7. **활동초점**: 하나님께서 사람을 흙으로 만드신 것을 알고 모방해보는 과정을 통해 창조 작업의 기쁨과 창조물에 대한 소중함을 느낌으로 자기 작품의 소중함을 경험해 보고 하나님의 작품인 우리 이웃과 친구를 소중히 여기도록 하는데 초점을 둔다.

8. **활동방법**:

1) 도입

① 교사는 찰흙을 가져와 무엇을 만들 수 있을지 유아들과 이야기 나눈다.

② 하나님은 세상을 창조하실 때 사람을 흙으로 창조하였다는 교리교구 이야기를 같이 나눈다.

2) 전개

① 찰흙으로 사람을 만든다(만들기 힘들어하는 유아를 위해 찰흙을 사람의 몸 부분을 구분하여 나누어 만든 후 붙일 수 있도록 그림 자료를 제공해도 좋다).

② 완성된 찰흙에 "후"하고 바람을 불어넣고 이름을 지어준다.

③ 자신이 만든 찰흙 사람을 소개하는 시간을 갖는다.

3) 마무리

① 유아 자신이 만든 찰흙 사람에 대해 마음이 어떤지 이야기를 나눈다.

② 하나님은 아담과 하와, 우리를 만드시고 어떤 기분이셨을지 이야기 나눈다.

③ 하나님이 각 사람을 사랑하시고 소중히 여기심에 대해 유아들과 이야기를 나눈다.

9. 활동평가:

① 자신의 찰흙 작품에 애정을 가지고 소중하게 느끼는가?

② 유아 자신이 하나님의 작품임을 알고 소중한 존재임을 경험했는가?

1. **활동제목**: 사랑의 왕 놀이

2. **관련성구**:

"하나님이 그들에게 복을 주시며 하나님이 그들에게 이르시되 생육하고 번성하여 땅에 충만하라, 땅을 정복하라, 바다의 물고기와 하늘의 새와 땅에 움직이는 모든 생물을 다스리라 하시니라"(창1:28)

3. **활동목표**:

① 사람은 땅과 움직이는 모든 생물을 다스릴 명령 받았음을 알고 말씀을 실천한다.

② 하나님의 명령에 반응하여 선하고 아름다운 말을 선택해 사용한다.

4. **활동영역**: 의

5. **활동유형**: 언어, 게임

6. **활동자료**: 왕관, 자연을 잘 다스리는 그림 5가지(동물에게 먹이를 주는 모습, 나무에 달린 과일을 따서 맛있게 먹는 모습, 꽃에게 물을 주는 모습, 밭을 일구어 채소를 수확하는 모습, 아이들을 사랑으로 키우는 모습 등), 잘 못 다스리는 그림 5가지((아무 곳이나 쓰레기를 버리는 모습, 꽃을 꺾는 모습, 동물들을 공연시키기 위해 학대하는 모습, 친구에게 욕설을 하는 모습, 애완동물을 때리는 모습).

7. **활동초점**: 하나님이 사람에게 주신 자연을 잘 가꾸고 관리할 수 있는 힘을 주셨음을 알아 하나님의 말씀에 순종하여 실천하고 바른 말을 사용하는데 초점을 맞춘다.

8. **활동방법**:

1) 도입

① 교리교구 이야기를 회상하면서 하나님은 창조하신 많은 자연물을 사람에게 맡기셨음을 같이 이야기 나눈다.

2) 전개

① 사랑의 왕 놀이 게임방법을 알아본다.

② 왕을 한 명 선정한다.

③ 다른 사람들은 왕의 말에 순종하기로 한다.

④ 왕으로 선정된 유아가 주변을 돌보거나 관리하는 말을 할 때 다른 유아들이 그대로 순종
한다(유아가 말하기 힘들어하면 그림 자료를 제시하여 말하도록 한다).

3) 마무리

① 왕의 말에 순종했을 때 왕 역할을 맡은 유아의 느낌과 하나님이 맡긴 일을 순종할 때 하
나님의 마음이 어떠했는지 이야기를 나눈다.

② 하나님이 기뻐하시는 올바른 방법으로 자연을 보살피며 살기로 다짐한다.

※ 확장활동: 사람, 동물의 역할을 맡은 유아들이 바람직하지 않은 모습으로 놀이하는 상황
극을 만든다. 왕 역할을 맡은 유아가 바람직하지 않은 사람, 동물들에게 올바른 방법을
명령하여 순종과 불순종하는 그룹을 만들어 상황극을 공연한다.

9. **활동평가:**

① 유아가 하나님 말씀의 명령을 따라 실천하려고 하는가?

② 유아가 하나님 말씀에 반응하여 일상의 삶에서 선한 말을 사용하려고 노력하는가?

열 두 번째 교리 이야기

하나님과 아담의 언약.

여호와 하나님께서 동쪽 땅 에덴에 동산을 만드시고, 시으신 사람을 그 곳에서 지내게 하셨습니다. 여호와 하나님께서 아름답고 먹기 좋은 열매를 맺는 온갖 나무들을 그 곳에서 자라나게 하셨습니다. 동산 한가운데에는 생명나무와 선악을 알게 하는 나무도 있었습니다. 에덴에서 하나의 강이 흘러 동산을 적시고, 그 곳에서 강이 나뉘어 네 줄기가 되었습니다. 첫 번째 강의 이름은 비손입니다. 이 강은 금이 나는 하윌라 온 땅을 돌아 흐릅니다. 그 땅에서 나는 금은 질이 좋았습니다. 그 곳에서는 값비싼 베델리엄 향료와 보석도 납니다. 두 번째 강의 이름은 기혼입니다. 이 강은 구스 온 땅을 돌아 흐릅니다. 세 번째 강의 이름은 티그리스입니다. 이 강은 앗시리아 동쪽으로 흐릅니다. 네 번째 강은 유프라테스입니다. 여호와 하나님께서 만드신 사람을 데려다가 에덴 동산에 두시고, 그 동산을 돌보고 지키게 하셨습니다. 여호와 하나님께서 그 사람에게 명령하셨습니다. "너는 동산에 있는 모든 나무의 열매를 마음대로 먹어라. 그러나 선악을 알게 하는 나무의 열매만은 먹지 마라. 만약 그 나무의 열매를 먹으면, 너는 반드시 죽을 것이다."(쉬운 성경 창세기 2장 8절-17절)

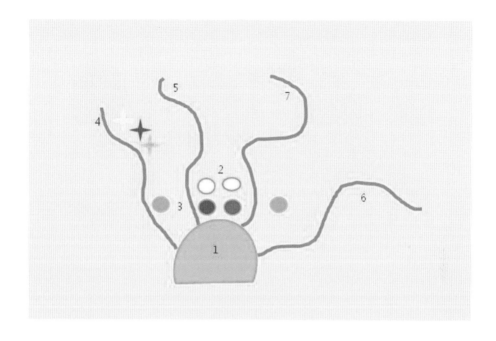

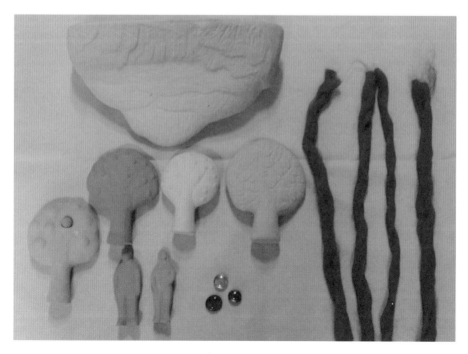

하나님과 아담의 언약

★ 나이:

  A) 4-7세

★ 자료출처:

  A) 소요리 문답 12문

  B) 창2:8-17

★ 교회력:

  A) 특별한 시기 없음

★ 영적 필요조건:

  A) 유아가 자신과 인간의 상태에 대해 알고 싶어 할 때 제시

★ 제시 필요조건:

  A) 웨스트민스터 소요리 문답 순서에 맞춤

★ 교리문답:

12문: 사람이 창조 받은 지위에 있을 때에 하나님께서 그에게 행하신 특별한 섭리는 무엇입니까?

  하나님께서 사람을 창조하신 후에 완전한 순종을 조건으로 생명 언약을 맺으시고 선악을 알게 하는 나무의 열매 먹는 것을 사망의 벌로써 금하셨습니다.

★ 신학적 관점:

인간은 창조되었을 때 피조물로서는 특별한 위치에 있었다. 하나님은 아담을 아름다운 에덴으로 이끄시고 그곳에서 피조 세계에 대한 관리를 맡기셨다. 인간을 포함한 온 우주만물은 하나님이 드러내 주신 계시로 아담에게는 모든 것이 하나님의 선물로 주어진 것이었다. 인간은 피조물의 위치에서 하나님의 선물을 기뻐하며 창조주의 영광을 드러내는 위치로 부름 받은 것이다. 모든 것의 주권은 창조주이신 하나님께 있다. 하나님은 아담과 에덴에서 언약 맺는다. 에덴 중앙의 선악을 알게 하는 나무의 실과를 먹지 말라는 명령이었다. 하나님의 언약은 순전히 인간에게 생명의 약속을 주기 위한 은혜였다. 이 언약은 아담의 행위에 대한 보답으로 영생을 주신다는 의미가 아니다. 인간은 하나님과 동등 된 위치가 아니라 창조주 하나님으로부터 모든 것을 받는 피조물의 위치에 있다. 단지 하나님이 인간에 대한 놀라운 사랑을 주권을 통해 아담에게 선물로 주시려는 조건으로 순종을 요구한다는 의미로서의 언약이었다((Williamson, 1989). 우리는 이것을 행위언약이라고도 말한다. 영원한 생명은 하나님 명령에 대한 순종이었고 아담은 그러한 능력을 충분히 가지고 있었다. 그러나 하나님이 인류와 맺은 생명의 언약은 모든 주권이 하나님께 있다는 의미에서 은혜이다. 인간은 피조물의 위치에서 자신의 본분을 다하는 것이 마땅한 것이지 해야 할 일을 했다고 보답을 받는 위치에 있지 않다. 예수님은 제자들에게 무익한 종의 비유를 통해 인간에게 어떤 공로도 돌리지 않고 있다(눅17:9-10). 이러한 의미에서 하나님이 아담과 맺은 언약을 생명언약, 행위언약이라고 불린다.

★ 직접 목적:

유아가 최초의 인간이 하나님과 어떤 관계를 가졌는지를 이해한다.

하나님은 인간을 사랑하여 생명언약(행위언약)을 주셨음을 안다.

★ 간접 목적:

다른 사람과의 관계에서 약속과 책임이 중요함을 안다.

다른 사람과 바른 관계 맺는 것을 덕목을 형성한다(순종, 배려, 존중, 협동, 양보, 책임).

★ 교리 교구들:

교리이야기 상자, 교리이야기 펠트, 아담, 하와 모형, 에덴동산 모형, 4개의 강물 모형(두꺼운 4가지 파란색 털실), 금, 진주, 호박보석 모형들(색깔 있는 돌), 생명나무, 선악나무(나무 중간에 1개의 홈이 패여 있는 나무) 모형. 열매 맺은 나무 모형(2개), 선악과.

★ 교리 이야기: 첫 번째 세시

유아들이 원을 그리고 앉으면 교사는 '교리교육 이야기'가 있는 선반으로 가서 **"하나님과 아담의 언약"** 교리 이야기가 들어 있는 상자와 성경을 가져온다. 교사는 교구를 앞에 놓고 잠시 묵상의 시간을 가지고 성경을 보고 만지면서 말씀이 형성되면 이야기 한다.

"하나님은 우리에게 너무나 많고 큰 선물들을 주셨어요. 그 중에서 하나님에 대해 바로 알 수 있도록 주신 선물이 성경이에요. 성경은 하나님과 우리를 진실하게 알게 하는 책이에요. 성경은 하나님이 많은 사람들을 감동시키셔서 오랫동안 쓰도록 하신 하나님의 책이에요. 이러한 성경을 전체적으로 알 수 있도록 해주는 것이 교리입니다. 교리는 하나님과 우리에 대해 명확하게 알게 해줘요. 이 상자에는 하나님이 처음 사람 아담과 어떤 약속을 하였는지 알려주는 이야기가 들어 있어요"

상자를 조심스럽게 열어 교리 이야기 펠트를 꺼내 Trace 하고 나서 가운데 펠트 중간에 에덴 동산 모형을 두고 말한다.

" 하나님은 에덴에 동산을 만드시고 아담과 하와를 이곳으로 인도하셨어요."

아담과 하와를 에덴 동산에 놓으면서 말한다.

"하나님은 아담과 하와를 위해 에덴에 아름답고 먹기에 좋은 열매 맺는 나무가 자라도록 하였어요."

에덴에 다른 모양의 열매 맺은 나무 2개를 놓으면서 말한다.

"하나님은 동산 가운데에 생명나무와 선악을 알게 하는 나무가 있게 하였어요."

교사는 생명나무와 선악나무를 동산 중앙에 놓는다. 에덴 동산 전체를 trace하면서 말한다.

"에덴 동산에는 아름답고 멋진 나무들, 맛있는 열매를 맺는 나무들이 풍성한 아름다운 동산이었지요. 에덴은 나무들이 잘 자랄 수 있도록 물도 많았어요. 에덴에서 물이 흘러 넘쳐서 4개 강이 시작 되었지요."

에덴 동산에서 한 방향으로 비손 강을 상징하는 파란색 털 끈을 놓으면서 말한다.

"첫째 강의 이름은 비손이었어요. 거기에는 금, 진주, 호마노라는 아름다운 보석이 가득했어요."

금, 진주, 호박을 놓는다.

교사는 기혼 강을 상징하는 파란색 털 끈을 에덴에서 다른 방향으로 둥그렇게 놓는다.

"둘째 강의 이름은 기혼으로 이 강은 구스 온 땅을 돌아서 흘렀어요."

교사는 힛데겔 강을 상징하는 파란색 털 끈을 에덴에서 동쪽 방향으로 놓는다.

"셋째 강의 이름은 힛데겔로 동쪽으로 흘렀어요."

교사는 유브라데 강을 상징하는 파란색 털 끈을 에덴에서 다른 방향으로 놓는다.

"넷째 강의 이름은 유브라데에요. 에덴 동산은 아름답고 멋진 곳이에요. 하나님은 아담과 하와를 에덴에 두고 동산을 돌보고 지키게 하였지요"

교사는 아담과 하와를 잡고 에덴 동산 주위를 둘러보도록 움직인다.

잠시 멈추고 침묵한다.

그리고 동산 중앙에 있는 선악나무를 만지면서 말한다.

"동산 중앙에는 선악을 알게 하는 나무가 있었어요. 하나님은 아담에게 말했어요.

교사는 선악을 알게 하는 나무의 열매를 만지면서 말한다.

"너는 동산에 있는 모든 나무의 열매를 마음대로 먹어도 좋다. 그러나 선악을 알게 하는 나무의 열매는 먹지 말아라. 만일 네가 그 열매를 먹으면 반드시 죽을 것이다."

잠시 침묵하고 나서 말한다.

"하나님은 아담과 약속 했어요. 아담은 선악을 알게 하는 나무의 열매를 먹지 않으면 아름다운 에덴에서 영원히 살 수 있었지요."

교사는 아담과 하와를 만지면서 말한다.

"하나님은 아담과 하와를 사랑하였어요. 그래서 아담에게 영원한 생명을 얻을 수 있는 약속을 주셨지요. 아담이 하나님의 약속을 순종하면 영원한 생명을 얻고 약속을 순종하지 못하면 죽게 돼요. 하나님의 약속은 중요해요. 하나님은 아담과 하와와 영원히 함께 살기를 원했어요. 아담과 하와는 에덴에서 행복한 날들을 보냈어요.

교사는 잠시 침묵하고 나서 교리질문을 한다.

★ 교리질문:

A) 에덴 동산은 어떤 곳이었을까요?

B) 왜 하나님은 아담과 하와를 에덴 동산에 두었을까요?

C) 에덴의 중앙에는 어떤 나무들이 자라고 있었나요?

D) 하나님은 아담과 어떤 약속을 하였나요?

E) 왜 하나님은 아담과 약속을 맺었나요?

F) 우리가 다른 사람과 약속을 하였을 때 어떻게 해야 하나요?

★ 관련 작업 활동(Art Material):

1. **활동제목**: 선악과나무 만들기

2. **관련성구**:

“그가 우리에게 약속하신 것은 이것이니 곧 영원한 생명이니라”(요일2:25)

3. **활동목표**:

① 하나님이 사람에게 생명의 약속을 주셨음을 안다.

② 하나님의 약속을 지키는 것은 하나님과 바른 관계를 유지하는 것임을 이해한다.

4. **활동영역**: 지

5. **활동유형**: 예술, 미술

6. **활동자료**: 휴지심, 초록색 펠트지, 갈색 한지, 풀, 입체열매, 면봉, 목공본드(입체열매는 스티커로 대체가능)

7. **활동초점**: 하나님은 선악과나무를 통해 생명의 약속을 주셨고 하나님의 약속을 지키는 것은 유아가 하나님과 바른 관계를 유지하는 것임을 이해하는데 초점을 둔다.

8. **활동방법**:

1) 도입

① 에덴동산 가운데 있었던 나무가 무엇인지 수수께끼로 물어본다.

　- 하나님이 만드신 것이에요.

　- 열매예요.

　- 하나님이 먹지 말라고 하셨어요.

2) 전개

① 자료를 보며 선악과나무를 어떻게 만들 수 있을지 이야기 나눈다.

② 윗부분을 미리 잘라 가지 부분을 만들어 놓은 휴지심에 갈색 한지를 찢어서 풀로 붙인다.

③ 휴지심 가운데 양쪽을 가위로 2cm 정도 오린다.

④ 가위집이 난 사이로 펠트지를 끼운다.

⑤ 입체 열매를 목공 본드로 붙인다.

3) 마무리

① 완성된 선악과나무를 보며 하나님과의 약속이 무엇인지 이야기 나눈다.

② 약속을 어겼을 때 하나님과의 관계가 어떻게 되었는지 말해보고 바른 관계 유지를 위해 어떻게 해야 하는지 서로 말해본다.

9. 활동평가:

① 유아는 하나님 아담에게 주신 약속이 무엇인지 알았는가?

② 유아는 바른 관계 유지를 위해 약속을 지키는 것이 중요한 것임을 알았는가?

1. **활동제목**: 약속을 지키면 기뻐요

2. **관련성구**:

"사라가 이르되 하나님이 나를 웃게 하시니 듣는 자가 다 나와 함께 웃으리로다. 또 이르되 사라가 자식들을 젖 먹이겠다고 누가 아브라함에게 말하였으리요마는 아브라함의 노경에 내가 아들을 낳았도다 하니라"(창21:6-7)

3. **활동목표**:

① 하나님은 사람과 친밀한 관계를 위해 약속을 하시는 분임을 경험한다.

② 하나님과의 약속을 지킬 때 긍정적인 정서를 경험해 본다.

4. **활동영역**: 정

5. **활동유형**: 신체, 게임

6. **활동자료**: 스티커, 하나님 얼굴, 약속제시 카드

7. **활동초점**: 하나님과 사람, 사람과 사람과의 친밀한 관계는 어렵고 힘들어도 약속을 지키는데 있음을 경험하고 약속을 지킬 때 정서적으로 즐거움과 기쁨이 온다는 것을 경험하는데 초점을 둔다.

8. **활동방법**:

1) 도입

① 교사는 유아에게 가정과 친구 관계에서 약속을 지켰던 경험을 이야기해 본다.

② 유아가 약속을 어려운 가운데서도 지켰을 때 어떤 감정이었는지 이야기해 본다.

2) 전개

① 두 명씩 짝을 만들어 가위 바위 보로 순서를 정한다.

② 한 명씩 번갈아 가며 약속을 한 가지씩 제시한다(제시 카드는 예시로 제공할 수 있다).

③ 상대방 유아는 약속을 수행한다.

④ 약속을 잘 지키면 하나님의 얼굴 입 부분에 스티커를 붙인다.

⑤ 약속을 다 지키면 하나님 입이 웃는 얼굴로 완성된다.

3) 마무리

① 자신이 제시한 약속을 친구가 지킬 때 기분이 어땠는지 이야기를 나눈다.

② 약속을 지키는 것이 어렵고 기분 좋은 일이 아닐 수 있음을 이야기 나눈다.

③ 친구가 내 약속을 지킬 때 기분이 좋았던 것처럼 우리가 하나님의 약속을 지킬 때 기뻐
하심에 대해 이야기 나눈다.

9. 활동평가:

① 유아는 하나님이 친밀한 관계를 위해 약속하시는 분임을 이해했는가?

② 유아들이 활동을 통해 약속을 지켰을 때 가지는 긍정적인 정서를 경험했는가?

1. **활동제목**: 주렁주렁 약속열매

2. **관련성구**:

"하나님이 그들에게 복을 주시며 하나님이 그들에게 이르시되 생육하고 번성하여 땅에 충만하라. 땅을 정복하라. 바다의 물고기와 하늘의 새와 땅에 움직이는 모든 생물들을 다스리라 하시니라"(창1:28)

3. **활동목표**:

① 약속 지키는 것을 사람이 결정할 수 있도록 한 것이 하나님이 주신 능력임을 이해한다.

② 사람에게는 자연세계를 돌보아야 할 책임 있음을 알고 약속을 지키는 태도를 기른다.

4. **활동영역**: 의

5. **활동유형**: 자연, 이야기나누기

6. **활동자료**: 자연을 지키는 그림들, 자연을 훼손하는 그림들, 생명나무, 스티커

7. **활동초점**: 하나님은 사람에게 자연을 돌볼 책임과 이를 감당할 자율적인 능력 주셨음을 이해하고 하나님이 말씀하신 자연세계를 가꾸고 돌보는 책임을 다하는 태도를 기르는데 초점을 맞춘다.

8. **활동방법**:

1) 도입

① 우리가 자연을 잘 돌보고 다스리기 위해 환경을 위해 지킬 것들이 무엇인지 그림을 보며 이야기 나눈다.

2) 전개

① 약속을 공동체에서 '하지 않는 행동' 과 '하는 행동'으로 나누어 정하고, 약속을 나타내는 상징이나 표현물을 교실에 부착하거나 놓아둔다.

② 환경을 위한 약속을 지킬 때마다 자신의 생명나무에 스티커를 붙인다.

③ 유아들의 생명나무를 모아 한 곳에 전시하고 교사는 유아들과 지켰을 때의 기쁜 마음을 이야기 나눈다.

④ 약속을 지키지 못했을 때 기분이 어떤지 같이 이야기 나눈다.

3) 마무리

① 약속은 지키거나 지키지 않는 것은 스스로 '선택'하는 것이고 우리는 좋은 선택과 좋지 않은 선택을 할 수 있는 결정권이 있음을 이야기한다.

② 약속을 대할 때 좋은 선택과 좋지 않은 선택이 무엇인지 유아들과 이야기를 나누고 약속을 지키는 어린이가 되도록 결심해 본다.

9. 활동평가:

① 하나님이 자연세계를 돌볼 책임과 능력을 주셨다는 것을 유아가 이해했는가?

② 유아가 약속을 지키기 위해 노력하는 태도를 보이는가?

열 세 번째 교리 이야기

아담의 타락 1.

여호와 하나님께서 만드신 들짐승 가운데 뱀이 가장 간사하고 교활했습니다. 어느 날, 뱀이 여자에게 와서 말했습니다. "하나님이 정말로 동산 안의 어떤 나무의 열매도 먹지 말라고 하시더냐?" 여자가 뱀에게 대답했습니다. "우리는 동산 안에 있는 나무의 열매를 먹을 수 있어. 하지만 하나님께서는 '동산 한가운데 있는 나무의 열매는 먹지도 말고 만지지도 마라. 그렇지 않으면 너희가 죽을 것이다'라고 말씀하셨어." 그러자 뱀이 여자에게 말했습니다. "너희는 죽지 않아. 하나님은 너희가 그 나무 열매를 먹고 너희 눈이 밝아지면, 선과 악을 알게 되어 너희가 하나님과 같이 될까 봐 그렇게 말씀하신 거야." 여자가 보니, 그 나무의 열매는 먹음직스러웠으며, 보기에도 아름다웠습니다. 게다가 그 열매는 사람을 지혜롭게 해 줄 것처럼 보였습니다. 그래서 여자는 그 열매를 따서 먹고, 그 열매를 옆에 있는 자기 남편에게도 주었으며, 남자도 그것을 먹었습니다. 그러자 두 사람의 눈이 모두 밝아졌습니다. 그들은 자기들이 벌거벗고 있다는 것을 깨닫고, 무화과나무 잎을 엮어서 옷을 만들어 몸을 가렸습니다. 그 때, 그들은 여호와 하나님께서 동산을 거니시는 소리를 들었습니다. 그 때는 하루 중 서늘한 때였습니다. 아담과 그의 아내는 여호와 하나님을 피해, 동산 나무 사이에 숨었습니다. 여호와 하나님께서 아담을 부르시며 말씀하셨습니다. "네가 어디에 있느냐?" 아담이 대답했습니다. "제가 하나님의 소리를 들었지만 벌거벗었기 때문에 두려워서 숨었습니다." 하나님께서 말씀하셨습니다. "네가 벌거벗었다고 누가 말해 주었느냐? 내가 먹지 말라고 한 나무 열매를 먹었느냐?" (쉬운 성경 창세기 3장 1절-11절)

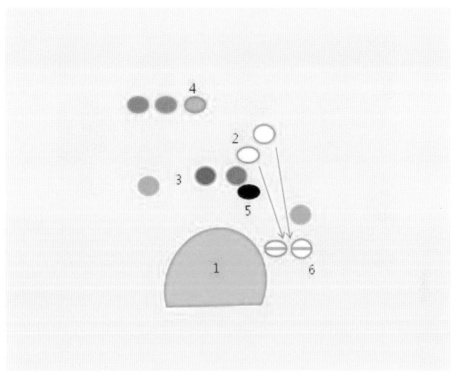

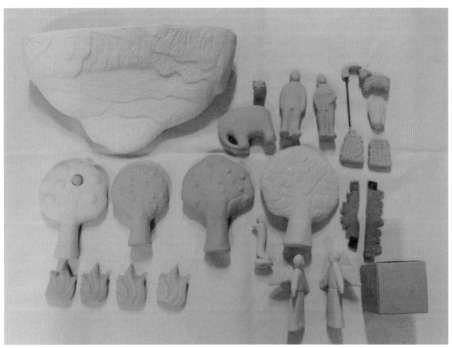

아담의 타락 1

★ 나이:

　A) 4-7세

★ 자료출처:

　A) 소요리 문답 13, 14, 15문

　B) 창3:1-11

★ 교회력:

　A) 특별한 시기 없음

★ 영적 필요조건:

　A) 유아가 자신과 인간의 상태에 대해 알고 싶어 할 때 제시

★ 제시 필요조건:

　A) 웨스트민스터 소요리 문답 순서에 맞춤

★ 교리문답:

　13문: 우리의 시조가 창조 받은 지위에 그대로 있었습니까?

　　우리 시조는 의지의 자유를 받았으나 하나님께 범죄함으로써 창조 받은 지위에서
　　타락했습니다.

14문: 죄가 무엇입니까?

죄는 하나님의 율법을 조금이라도 부족하게 지키거나 그 법을 어기는 것입니다.

15문: 우리 시조가 창조 받은 지위에서 타락하게 된 죄는 무엇입니까?

우리 시조가 창조 받은 지위에서 타락하게 된 죄는 금하신 열매를 먹은 것입니다.

★ 신학적 관점:

에덴동산은 하나님께서 인간을 위해 준비한 공간이었다. 이곳에서 인간은 모든 만물들을 다스리고 관리하라는 문화명령을 받았다. 또한 하나님께서는 인간에게 영원한 생명을 주시려고 순종을 전제로 생명언약(행위언약)을 주셨다. 아담과 하와는 하나님의 형상으로 창조되어 하나님의 언약을 충분히 지킬 수 있는 능력을 가지고 있었다. 그러나 사단은 뱀을 통해 하와와 아담을 유혹한다. 사단은 처음부터 하나님의 말씀을 가감함으로 하와에게 거짓말로 접근한다. 아담과 하와는 피조물의 위치에 만족하지 않고 하나님과 같이 되려는 욕심에 하나님이 금한 열매를 먹는다. 선악을 알게 하는 나무에 특별한 의미가 부여된 것이기보다는 하나님의 언약(말씀)에 불순종한 것이 처음 죄의 시작이었다. 죄는 하나님의 말씀을 조금이라도 부족하게 지키거나 어기는 것을 의미하기 때문이다. 죄의 결과는 비참하였다. 죄의 결과는 관계의 깨어짐과 거리감을 통한 비참함, 수치심으로 드러났다. 먼저 아담과 하와는 자신들이 발가벗고 있음을 알았고 수치심으로 자신의 몸을 가렸다. 하나님이 동산을 거니시며 아담을 부르셨을 때 아담과 하와는 두려움에 하나님 앞에서 숨는다. 죄의 유혹은 처음에는 달콤하지만 그 결과는 수치와 두려움으로 끝난다. 죄의 결과는 하나님과의 관계에서 친밀하였던 아담과 하와가 하나님께 대한 두려움, 저항, 분노를 가지게 만들었다. 아담의 후손들인 인간의 본성에는 하나님께 대한 이러한 본성 즉, 하나님과 관계의 두려움, 저항, 분노를 가지고 있다. 아담의 죄의 결과와 영향력은 그의 모든 후손의 본성에 영원히 각인되어 인류의 삶과 문화에 지속적인 영향을 주고 있다.

★ 직접 목적:

죄가 어떻게 시작되고 무엇인지에 대해 유아가 이해한다.

★ 간접 목적:

하나님과 인간의 관계에 대한 덕목 함양을 위해(순종과 책임감)

★ 교리 교구들:

교리이야기 상자, 교리이야기 펠트, 아담, 하와, 서있는 뱀, 에덴동산, 생명나무, 선악나무 모형. 열매 나무모형(2개), 동물모형(3개), 선악열매. 무화과 나무 옷 2개

★ 교리 이야기: 첫 번째 제시

유아들이 원을 그리고 앉으면 교사는 '교리교육 이야기'가 있는 선반으로 가서 **"아담의 타락1"** 교리 이야기가 들어 있는 상자와 성경을 가져온다. 교사는 교구를 앞에 놓고 잠시 묵상의 시간을 가지고 성경을 보고 만지면서 말씀이 형성되면 이야기 한다.

"하나님은 우리에게 너무나 많고 큰 선물들을 주셨어요. 그 중에서 하나님에 대해 바로 알 수 있도록 주신 선물이 성경이에요. 성경은 하나님과 우리를 진실하게 알게 하는 책이에요. 성경은 하나님이 많은 사람들을 감동시키셔서 오랫동안 쓰도록 하신 하나님의 책이에요. 이러한 성경을 전체적으로 알 수 있도록 해주는 것이 교리입니다. 교리는 하나님과 우리에 대해 명확하게 알게 해줘요. 이 상자에는 처음 사람 아담이 타락하여 세상에 아픔과 슬픔이 생긴 일에 대해 알려주는 이야기가 들어 있어요"

상자를 조심스럽게 열어 교리 이야기 펠트를 꺼내 Trace 하고 나서 가운데 펠트 중간에 에덴 동산을 놓고 아담과 하와를 두면서 만지면서 말한다.

"에덴동산은 기쁨과 행복이 가득했어요. 이곳에서 아담과 하와는 기뻤어요."

열매 나무, 선악, 생명나무를 놓고 가리키면서 말한다.

"에덴 동산은 아름답고 맛있는 과일들이 열리는 나무들이 있었고 동산 중앙에는 선악을 알게 하는 나무와 생명나무도 있었지요."

동물들을 놓고 가리키면서 말한다.

"이곳에서 아담은 동물들의 이름을 지어주고 행복하고 기쁘게 하와와 같이 살았지요."

잠시 멈추고 침묵하고 나서 뱀(서있는)을 에덴동산 끝부분에 놓고 만지면서 말한다.

"하나님이 지은 들짐승 중에 뱀은 가장 간교했어요. 뱀은 하와에게 와서 말했어요."

뱀을 하와가 있는 곳으로 이동시키고 말한다.

"하나님이 참으로 너희에게 동산 모든 나무 열매를 먹지 말라고 하였니?"

"뱀은 하와에게 거짓말을 하였어요. 하나님은 동산 모든 나무의 열매는 먹을 수 있지만 동산 중앙의 선악을 알게 하는 나무 열매를 먹지 말라고 하였지요."

하와를 가리키면서 말한다.

"동산 나무의 열매는 먹을 수 있지만 동산 중앙에 있는 나무의 열매는 먹지도 만지지도 말라고 했어. 우리가 먹으면 죽을 수도 있다고 했어"

뱀을 더 하와에게로 이동시키고 만지면서 말한다.

"뱀은 여자에게 말했어요. 너희는 죽지 않아. 너희가 그 열매를 먹고 눈이 밝아지면 선악을 알게 되어 하나님과 같이 될 거야."

하와를 선악 나무로 이동시키고 나무에서 하나의 열매에 손을 닿게 하고 말한다.

"하와는 선악을 알게 하는 나무를 보았어요. 그 나무 열매는 맛있어 보였고 지혜롭게 할 만큼 아름답게 보이는 열매였어요."

교사는 열매를 꺼내 하와 입에 대고 아담의 입에 대면서 말한다.

"하와는 열매를 따먹고 나서 아담에게도 주었어요. 아담은 그 열매를 먹었어요. 그러자 아담과 하와의 눈이 밝아졌어요. 아담과 하와는 자신들이 발가벗고 있음을 알고 무화과 나무 잎으로 몸을 가리웠어요. 아담과 하와는 부끄러웠어요."

교사는 아담과 하와에게 치마를 입힌다.

잠시 멈추고 침묵한다. 에덴 동산 전체를 trace하고 아담과 하와를 만지면서 말한다.

"아담과 하와는 에덴 동산에 바람이 불 때 동산에서 거니시는 하나님의 음성을 듣고 두려워 동산 나무 뒤에 숨었어요. 아담과 하와는 하나님을 보는 것이 두려웠어요."

아담과 하와를 열매 나무 뒤에 옮겨 놓고 말한다.

"하나님은 아담을 찾으셨어요. 아담아! 아담아! 어디 있느냐?"

교사는 아담을 나무 뒤에서 약간 앞으로 옮겨 놓고 아담을 만지면서 말한다.

"아담은 말했지요. 내가 하나님의 음성을 듣고 벗고 있어서 부끄럽고 무서워 숨었어요. 하나님은 말했어요. 누가 너에게 벗고 있다는 것을 알렸느냐? 내가 먹지 말라고 말한 그 나무 열매를 먹었느냐?"

교사는 잠시 침묵하고 나서 교리실문을 한나.

★ **교리질문:**

A) 죄를 짓기 전 에덴 동산에서의 아담과 하와는 어떠했나요?

B) 뱀이 하와에게 했던 말은 무엇인가요?

C) 하나님의 말씀에 대해 아담과 하와는 어떻게 행동했나요?

D) 아담과 하와가 열매를 먹고 어떻게 행동했나요?

E) 왜 그렇게 했나요?

F) 죄란 무엇인가요?

아담과 하와

작사: 박용윤
작곡: 박용윤

★ **관련 작업 활동(Art Material):**

1. **활동제목:** 숨은 그림 찾기

2. **관련성구:**

   "여자가 그 나무를 본즉 먹음직도 하고 보암직도 하고 지혜롭게 할 만큼 탐스럽기도 한 나무인지라 여자가 그 열매를 따먹고 자기와 함께 있는 남편에게도 주매 그도 먹은지라" (창 3:6)

3. **활동목표:**

   ① 우리의 모든 행동과 생각을 아시는 하나님을 속일 수 없다는 것을 이해한다.

   ② 아담과 하와가 하나님과 언약을 지키지 않은 것이 죄임을 이해하고 죄의 의미를 안다.

   ※ 죄의 정의: 죄는 하나님의 율법을 조금이라도 부족하게 지키거나 하나님의 법을 어기는 것

4. **활동영역:** 지

5. **활동유형:** 자연탐구, 이야기나누기, 관찰

6. **활동자료:** 성경 숨은 그림 찾기 자료

7. **활동초점:** 우리가 죄를 숨기려고 해도 하나님은 모든 것을 아시며 하나님의 언약을 지키지 않는 것이 죄임을 유아가 이해하도록 하는데 초점을 맞춘다.

8. **활동방법:**

   1) 도입

   ① 교사는 유아에게 '아담의 타락1' 교리 교구활동을 회상하며, 아담과 하와가 하나님을 피해 숨어도 하나님은 다 알고 계시심을 이야기 나눈다.

2) 전개

① 그림을 보여주고 숨은 그림을 찾아본다.

② 숨은 그림을 다 찾고 난 후, 하나님은 아담과 하와가 죄를 지어 숨어 있는 것을 알고 계셨을까? 하나님은 아담과 하와의 마음과 생각까지도 아셨을까? 라고 질문하면서 하나님은 우리의 모든 생각과 행동들을 알고 계시다는 것을 유아들이 말할 수 있도록 한다.

③ 교사는 유아들에게 하나님께서 아담에게 모든 것을 허락하였지만 선악을 알게 하는 나무 열매는 금하였고, 그 약속을 지키지 않아 세상에 처음 '죄'가 들어왔음을 이야기 나눈다.

④ 교사는 하나님의 말씀보다 다른(뱀, 하와 등)말을 더 듣고 믿는 것이 하나님의 말씀을 저버리는 것으로 '죄'라는 것을 유아에게 설명한다.

3) 마무리

① 교사는 유아에게 죄는 하나님의 말씀을 조금이라도 부족하게 지키거나 어기는 것이라는 것을 알려주고 하나님이 주신 성경 말씀을 듣고 순종해야 함을 이야기 나눈다.

9. 활동평가:

① 유아가 하나님은 속일 수 없는 분이라는 것을 이해했는가?

② 유아가 죄는 하나님과의 약속을 조금이라도 부족하게 지키거나 어기는 것임을 알았는가?

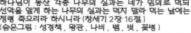

성경숨은그림찾기
하나님이 동산 각종 나무의 실과는 네가 임의로 먹되 선악을 알게 하는 나무의 실과는 먹지 말라 먹는 날에는 정녕 죽으리라 하시니라 (창세기 2장 16절)
(숨은그림 : 성경책, 왕관, 나비, 뱀, 빗, 꽃병)

1. **활동제목**: 오감 인형극 놀이

2. **관련성구**:

   "그들이 그 날 바람이 불 때 동산에 거니시는 여호와 하나님의 소리를 듣고 아담과 그의 아내가 여호와 하나님의 낯을 피하여 동산 나무 사이에 숨은지라"(창3:8)

3. **활동목표**:

   ① 아담과 하와가 뱀의 유혹으로 죄를 짓게 되었다는 내용을 체험 해본다.

   ② 역할극을 통해 죄에 대한 정서적 경험을 해본다.

4. **활동영역**: 정

5. **활동유형**: 표현, 인형극

6. **활동자료**: 재활용품, 물감, 가위, 풀 등

7. **활동초점**: 극 활동을 통해 아담과 하와가 뱀의 유혹으로 하나님의 말씀에 불순종하여 죄를 짓게 되었음을 직접 체험해 보고 죄를 지은 것에 대한 정서적 경험을 하는데 초점을 맞춘다.

8. **활동방법**:

   1) 도입

   ① 교사는 유아들과 교리 교구활동을 같이 이야기하면서 뱀의 유혹으로 아담과 하와가 죄를 지어 부끄러워 나무 뒤에 숨은 내용을 회상한다.

2) 전개

① 타월심, 휴지심, 뽁뽁이, 박스나 두꺼운 종이 등 재활용 재료와 물감, 가위, 풀 등을 소개하고 '아담의 타락 1'에 나오는 등장 인물들을 살펴본다.

② 재료를 탐색하고 어떤 재료로 무엇을 만들지 생각해 보고 인형을 만든다.

③ 교사는 완성된 인형들 중 역할을 정하여 역할에 맞는 대사를 생각해 적어본다.

④ 교사와 유아들은 서로 역할에 맞춰 인형극을 하고, 연습하여 다른 유아들 앞에서 공연한다.

3) 마무리

① 아담, 하와가 하나님 앞에 죄를 지어 부끄러워 나무 뒤에 숨은 것처럼 하나님께 우리도 죄를 지으면 어떤 마음이 될지 생각해 보는 시간을 갖는다.

9. 활동평가:

① 유아가 극 활동의 오감 체험을 통해 죄에 대해 정서적으로 경험했는가?

1. **활동제목**: 젠가 놀이

2. **관련성구**:

"이같이 하나님이 그 사람을 쫓아내시고 에덴동산 동쪽에 그룹들과 두루 도는 불 칼을 두어 생명나무의 길을 지키게 하시니라"(창 3:24)

3. **활동목표**:

① 젠가 놀이를 통해 죄를 지으면 수고한 일도 무너진 다는 것을 경험한다.

② 젠가 놀이를 통해 죄는 하나님과의 관계를 끊게 만든다는 것을 체험해 본다.

4. **활동영역**: 의

5. **활동유형**: 신체활동, 게임

6. **활동자료**: 젠가 게임

7. **활동초점**: 블록이 무너지는 것을 시각적이고 감각적으로 경험해 봄으로 죄의 결과의 심각성을 경험하는데 초점을 맞춘다.

8. **활동방법**:

1) 도입

① 젠가 게임의 방법을 알아본다.

② 젠가의 통을 뒤집어 나무 조각을 쌓아놓는다.

2) 전개

① 정육면체 주사위에(죄의 단어: 불순종, 미움, 분노, 순종의 단어: 순종, 사랑, 화해')라고 쓰여진 주사위를 던진다.

② 단어 중 불순종, 미움, 분노가 나오면 나무 블록을 하나씩 **빼낸다**. 단어 중 순종, 사랑, 화해가 나오면 통과한다.

③ 유아들이 반복하여 돌아가며 놀이를 진행한다.

④ 놀이를 반복하여 진행하다가 죄의 단어들로 인해 나무 블록이 점점 **빠져** 결국에는 나무 탑이 무너지는 것을 경험한다.

3) 마무리

① 젠가 놀이를 통해 사소하고 작은 죄도 하나님과의 관계를 무너지게 할 수 있음을 같이 이야기 나눈다.

9. 활동평가:

① 놀이를 통해 죄의 결과가 심각하다는 것을 유아가 경험했는가?

② 유아가 죄를 짓지 않으려고 생활 속에서 실천하고 노력하는가?

열 네 번째 교리 이야기

아담의 타락 2.

아담이 대답했습니다. "하나님이 저에게 수신 여자가 ㄱ 나무 열매를 줘서 먹었습니다." 여호와 하나님께서 여자에게 말씀하셨습니다. "도대체 네가 무슨 일을 저지른 것이냐?" 여자가 대답했습니다. "뱀이 저를 속였습니다. 그래서 제가 그 열매를 먹었습니다." 여호와 하나님께서 뱀에게 말씀하셨습니다. "네가 이런 일을 했으므로, 너는 모든 가축과 모든 들짐승보다 더욱 저주를 받을 것이다. 너는 배로 기어 다니고, 평생토록 흙먼지를 먹고 살아야 할 것이다. 내가 너와 여자를 서로 원수가 되게 하고, 네 자손과 여자의 자손도 원수가 되게 할 것이다. 여자의 자손이 네 머리를 부수고, 너는 그의 발꿈치를 물 것이다." 하나님께서 여자에게도 말씀하셨습니다. "내가 너에게 아기를 가지는 고통을 크게 하고, 너는 고통 중에 아기를 낳게 될 것이다. 너는 네 남편을 지배하려 할 것이고, 남편은 너를 다스릴 것이다." 하나님께서 아담에게도 말씀하셨습니다. "너는 네 아내의 말을 듣고 내가 먹지 말라고 한 나무의 열매를 먹었다. 그러므로 너 때문에 땅이 저주를 받고, 너는 평생토록 수고하여야 땅에서 나는 것을 먹을 수 있게 될 것이다. 땅은 너에게 가시와 엉겅퀴를 내고, 너는 밭의 채소를 먹을 것이다. 너는 먹기 위하여 얼굴에 땀을 흘리고, 열심히 일하다가 마침내 흙으로 돌아갈 것이다. 이는 네가 흙으로 지음을 받았기 때문이다. 너는 흙이니, 흙으로 돌아갈 것이다." 아담은 자기 아내의 이름을 하와라고 지었습니다. 이는 그녀가 모든 생명의 어머니가 되었기 때문입니다. 여호와 하나님께서 동물 가죽으로 옷을 만들어서 아담과 그의 아내에게 입혀 주셨습니다. 여호와 하나님께서 말씀하셨습니다. "보아라, 사람이 우리 중 하나와 같이 되어 선과 악을 알게 되었으니, 이제 그가 손을 뻗어 생명나무의 열매를 따 먹고, 영원히 살게 되는 것을 막아야 한다." 그래서 여호와 하나님께서는 아담과 그의 아내를 에덴 동산에서 쫓아 내셨습니다. 그리고 그가 나온 근원인 땅을 열심히 갈게 하셨습니다. 이와 같이 하나님께서는 그 사람을 쫓아 내신 뒤에 에덴 동산 동쪽에 천사들을 세우시고 사방을 돌며 칼날같이 타오르는 불꽃을 두시고, 생명나무를 지키게 하셨습니다. (쉬운 성경 창세기 3장 12절-24절)

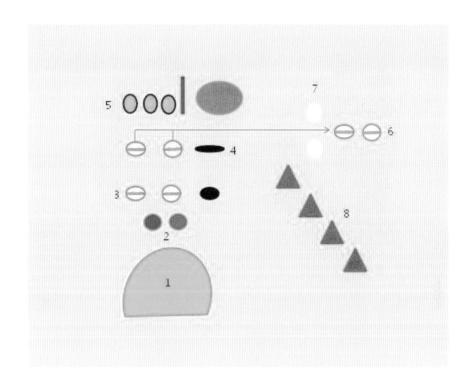

아담의 타락 2

★ **나이:**

A) 4-7세

★ **자료출처:**

A) 소요리 문답 16, 17, 18, 19문

B) 창3:12-24

★ **교회력:**

A) 특별한 시기 없음

★ **영적 필요조건:**

A) 유아가 자신과 인간의 상태에 대해 알고 싶어 할 때 제시

★ **제시 필요조건:**

A) 웨스트민스터 소요리 문답 순서에 맞춤

★ **교리문답:**

16문: 아담의 첫 범죄 때에 모든 사람이 타락하였습니까?

아담과 맺으신 언약은 아담 한 사람만이 아니라 그의 후손까지 위한 것이므로 보통 출생 법으로 아담의 후손이 된 모든 인류는 아담의 첫 범죄 때에 그의 안에서 죄를 짓고 그와 함께 타락하였습니다.

17문: 타락으로 말미암아 인류는 어떠한 처지에 떨어지게 되었습니까?

　타락으로 말미암아 인류는 죄와 비참한 처지에 떨어지게 되었습니다.

18문: 사람이 그 타락한 처지에서 죄 되는 것은 무엇입니까?

사람이 그 타락한 처지에서 죄 되는 것은 아담의 첫 범죄의 죄책과 원시의(原始義)가 없는 것과 온 성품이 부패한 것인데 이것이 보통 원죄(原罪)라 하는 것이고 아울러 이 죄로 말미암아 나오는 모든 자범죄(自犯罪)입니다.

19문: 사람이 그 타락한 처지에서 비참한 것은 무엇입니까?

모든 인류는 타락함으로 말미암아 하나님과 교제가 끊어졌고 하나님의 진노와 저주 아래 있으며 그로 말미암아 이 세상에서 온갖 비참함을 겪다가 결국 죽음에 이르고 영원히 지옥의 고통에 떨어집니다.

★ 신학적 관점:

아담이 하나님과 맺은 언약에 대한 불순종의 결과는 비참했다. 하나님이 주신 언약에 대한 불순종의 결과는 죽음이었고 하나님 생명에서 분리되는 것이었다. 아담의 타락은 자연세계와 인간의 삶에 관계의 단절과 분리라는 비참함과 죽음을 가져왔다. 하나님과 인간, 인간과 인간, 인간과 자연은 적대적인 분리의 관계를 가지게 되었다. 하나님이 아담과 하와에게 언약을 상기시켜 묻자 아담과 하와는 책임을 전가한다. 하나님과 언약을 맺은 아담은 언약 담당자로서의 소임을 하와에게 전가함으로 타락의 결과는 책임 회피와 관계의 파괴라는 결과를 가져온다. 이러한 아담의 타락은 자연 출생 법으로 태어나는 아담의 후손에게도 동일한 죄의 결과와 비참함을 경험하게 만든다. 아담의 타락은 인간의 의 즉, 하나님과의 바른 관계를 맺게 하는 위치를 상실하게 한다. 도덕적 성품으로 창조된 하나님의 형상인 인간이 원형이신 하나님의 영광을 반영하지 못하는 상태로 추락하여 하나님의 진노를 일으키는 방향과 목적을 추구하는 존재가 되었다. 이러한 관계는 지속적으로 하나님의 진노와 저주 아래 있게 함으로 더욱 인간 존재의 비참함과 죽음, 결국에는 지옥의 고통으로 들어가게 만든다. 이러한 타락한 본성에서 모든 죄악이 탄생한다. 죄는 하나님의 뜻을 거스르는 것이며 하나님이 목적하신 바를 빗나가게 하는 경향성을 가진다. 이러한 타락의 경향성은 인간의 선행이나 수련, 의지적 결단이나 노력을 통해 바로잡혀지지 않는다. 죄 된 경향성은 언제나 하나님의 선하신 목적에서 항상 빗나간다. 이것은 영원한 인간 본성으로 아담의 모든 후손들은 이러한 경향성을 가지고 태어난다. 물고기가 물 안에서 헤엄치고 살면서 물을 의식하지 않듯이 죄인의 죄 된 경향성도 이와 같다. 하나님의 은혜로 성령의 조명하심이 우리 마음에 비춰지지 않으면 말이다.

★ 직접 목적:

유아가 죄의 결과가 어떤지를 이해한다.

유아가 죄 결과의 비참함과 슬픔을 안다.

★ 간접 목적:

하나님과 인간에 대한 덕목 함양을 위해(순종과 책임감)

★ 교리 교구들:

에덴동산, 선악나무, 생명나무, 아담, 하와, 무화과 나무 옷 2개, 서있는 뱀, 가시, 엉겅퀴, 괭이, 채소, 굵은 갈색 흙 알갱이와 상자. 그룹 천사 2개, 불꽃 울타리(4).

★ 교리 이야기: 두 번째 제시

유아들이 원을 그리고 앉으면 교사는 '교리교육 이야기'가 있는 선반으로 가서 **"아담의 타락2"** 교리 이야기가 들어 있는 상자와 성경을 가져온다. 교사는 교구를 앞에 놓고 잠시 묵상의 시간을 가지고 성경을 보고 만지면서 말씀이 형성되면 이야기 한다.

"하나님은 우리에게 너무나 많고 큰 선물들을 주셨어요. 그 중에서 하나님에 대해 바로 알 수 있도록 주신 선물이 성경이에요. 성경은 하나님과 우리를 진실하게 알게 하는 책이 에요. 성경은 하나님이 많은 사람들을 감동시키셔서 오랫동안 쓰도록 하신 하나님의 책이 에요. 이러한 성경을 전체적으로 알 수 있도록 해주는 것이 교리입니다. 교리는 하나님과 우리에 대해 명확하게 알게 해줘요. 이 상자에는 처음 사람 아담이 타락하여 세상에 아픔 과 슬픔이 생긴 일에 대해 알려주는 이야기가 들어 있어요"

상자를 조심스럽게 열어 교리 이야기 펠트를 꺼내 Trace 하고 나서 펠트 중간에 에덴 동 산을 놓고 선악을 알게 하는 나무, 생명나무, 아담과 하와와 뱀(생명나무 옆에 세워둠)을 두고 에덴을 trace하면서 말한다.

"에덴 동산에서 슬픈 일이 벌어졌어요. 아담과 하와는 하나님이 금지한 선악을 알게 하는 나무의 실과를 먹었어요. 그들은 하나님과 멀어졌고 죄로 인해 하나님을 두려워 했어요. 하나님은 그들을 부르고 아담에게 물었지요. 내가 먹지 말라 한 나무 열매를 먹었느냐?"

아담을 만지면서 말한다.

"하나님이 저에게 준 여자가 그 열매를 줘서 먹었습니다."

잠시 침묵하고 나서 여자를 만지면서 말한다.

"하나님은 다시 여자에게 말했어요. 네가 무슨 일을 한 것이냐? 여자는 말했어요. 뱀이 저를 속여서 제가 그 열매를 먹었습니다."

잠시 침묵하고 뱀을 만지면서 말한다.

"하나님은 뱀에게 말했어요. 네가 이렇게 행하였으니 너는 모든 가축과 짐승보다 저주를 받아 배로 기어 다니고 평생토록 흙먼지를 먹고 살 것이다."

선악 나무에 서 있는 뱀을 뉘어 기어 다니는 동작한다. 잠시 침묵하고 하와를 만지면서 말한다.

"하나님은 여자에게 말했어요. 너는 아기를 가지는 고통이 클 것이고 고통 중에 아기를 낳을 것이다. 너는 남편을 기쁘게 하기를 원하지만 남편은 너를 다스릴 것이다."

잠시 침묵하고 아담을 만지면서 말한다.

"네가 아내의 말을 듣고 내가 먹지 말라고 한 나무의 열매를 먹었다. 그래서 너로 인해 땅이 저주를 받고 너는 평생 수고해야 땅에서 나는 것을 먹을 수 있을 것이다."

아담 앞쪽 왼쪽에 가시와 엉겅퀴를 놓고 말한다.

"땅은 너에게 가시와 엉겅퀴를 낼 것이다."

아담 앞쪽에 괭이와 채소를 두고 말한다.

"너는 밭의 채소를 먹을 것이다."

모래 상자의 갈색 흙 알갱이를 아담 앞쪽 오른쪽에 부어 놓고 아담을 만지면서 말한다.

"너는 얼굴에 땀을 흘리고 열심히 일해야지만 먹을 수 있다. 너는 흙으로 지음 받았기 때문에 다시 흙으로 돌아갈 것이다.

교사는 갈색 흙 알갱이를 한 움큼 잡아 올려 다시 부어 놓는다. 잠시 침묵하고 나서 말한다.

"하나님은 말씀했어요. 사람이 우리 중에 하나와 같이 되어 선과 악을 알아(생명나무를 만지고 나서) 그가 손으로 생명 나무 열매를 따먹고 영원히 살려고 할거야"

아담과 하와를 에덴동산의 오른쪽 끝으로 이동시키고 나서 말한다.

"하나님은 아담과 하와를 에덴 동산에서 내보내고 그의 근원인 땅을 갈게 하셨어요."

아담 앞에 괭이를 놓고 잠시 침묵한다.

그룹 천사 2개를 아담과 하와가 있는 곳에 놓고 말한다.

"하나님은 사람을 에덴에서 내보내고 에덴 동산 동쪽에 천사들을 세우셨어요.

에덴에 불꽃 울타리를 둘러싸 놓고 아담과 하와를 만지면서 말한다.

"하나님은 칼과 같이 타오르는 불꽃을 두어 생명나무를 지키게 하였어요. 하나님께 죄를 범한 아담과 하와는 에덴에서 나가 땅을 갈면서 살게 되었고 다시는 아름다운 에덴으로 돌아갈 수 없었어요"

교사는 잠시 침묵하고 나서 교리질문을 한다.

★ 교리질문:

A) 아담과 하와를 유혹한 뱀은 어떻게 되었나요?

B) 하와가 하나님 말씀에 불순종한 결과는 무엇인가요?

C) 아담이 하나님 말씀에 불순종한 결과는 무엇인가요?

D) 죄는 누구를 아프게 하고 슬프게 만들까요?

★ 관련 작업 활동(Art Material):

1. **활동제목**: 엉망거울

2. **관련성구**:

"기록된바 의인은 없나니 하나도 없으며 깨닫는 자도 없고 하나님을 찾는 자도 없고 다 치우쳐 함께 무익하게 되고 선을 행하는 자는 없나니 하나도 없도다"(롬3:10-12)

3. **활동목표**:

① 아담의 타락은 하나님의 영광을 드러낼 수 없는 상태라는 것을 안다.

② 아담의 타락은 우리에게 영향을 주어 우리도 하나님의 영광을 바르게 드러낼 수 없는 상태에 처했음을 이해한다.

4. **활동영역**: 지

5. **활동유형**: 문학, 이야기나누기

6. **활동자료**: 동영상 촬영자료, 그림책(예시: 거짓말은 무거워)

7. **활동초점**: 죄로 인해 아담과 그의 후손인 우리가 하나님과의 관계가 끊어짐으로 하나님의 영광을 바르게 드러낼 수 없는 상태임을 이해하는데 초점을 맞춘다.

8. **활동방법**:

1) 도입

① 교사는 활동 전에 스마트 폰 '왜곡거울 앱'을 통해 다른 반 교사의 영상을 찍어놓는다(교사는 사전에 영상을 찍는 것에 대해 미리 양해를 구한다).

2) 전개

① 유아들과 함께 영상을 보면서 누구인지 맞추어 본다.

② 교사는 왜 우리가 그 신생님을 쉽게 맞출 수 없는지 이야기해 본다.

③ 교사는 교구활동을 기억하게 하면서 아담의 죄에 대한 결과에 대해 질문한다. 아담과 하와가 하나님과 함께한 에덴에서 쫓겨났는데 하나님과의 관계가 어떻게 되었는지 이야기한다.

④ 교사는 유아들이 죄로 인해 아담 때부터 하나님과의 관계가 파괴되었고 그로 인해 왜곡거울이 **반 선생님을 제대로 보여주지 못한 것처럼 원래는 하나님의 형상으로 만들어진 우리의 모습에서 하나님을 드러내지 못하는 상황이 되었다는 것을 이야기해 준다.

3) 마무리

① 교사는 하나님과의 관계가 깨어짐에 대해 충분히 이야기를 나눈 후 하나님과 관계를 회복하기 위해 무엇이 필요한지 유아들의 의견을 듣고 찾아보도록 한다.

9. 활동평가:

① 유아가 하나님의 영광을 드러내는 것이 무엇인지를 이해했는가?

② 유아가 죄 된 상태에서 하나님의 영광을 나타낼 수 없음을 알았는가?

1. 활동제목: 친구와 싸웠을 때 속상해요

2. 관련성구:

"여호와 하나님이 아담을 부르시며 그에게 이르시되 네가 어디에 있느냐 이르되 내가 동산에서 하나님의 소리를 듣고 내가 벗었음으로 두려워하여 숨었나이다"(창3 9-10)

3. 활동목표:

① 동극을 통해 부정적인 감정들, 비참함, 슬픔, 소외감, 절망감, 두려움 등이 죄로 인한 것임을 느껴본다.

② 죄로 인한 부정적인 정서를 경험함으로 깨어진 관계의 슬픔과 고통을 경험한다.

4. 활동영역: 정

5. 활동유형: 예술, 동극

6. 활동자료: 그림책(너랑 안 놀아), 동극 소품

7. 활동초점: 동극을 통해 죄로 인한 부정적인 정서와 갈등이 관계를 파괴하고 슬픔과 고통을 준다는 것을 경험하는데 초점을 둔다.

8. 활동방법:

1) 도입

① '너랑 안 놀아' 그림책을 읽어준다.

② 교사와 유아들은 역할과 장면을 나누어 소품과 대사를 준비한다.

2) 진개

① 갈등 장면에서 각자의 입장에서 상대방을 공격하고 소리지르며 비난하거나 소외시키는 관계를 파괴하는 대사가 들어간 동극을 한다.

② 갈등 후의 관계가 동극에서 표현하도록 한다. "난 너 싫어. 이제 안 놀 거야."

③ 이후 각자의 정서를 동극에서 표현한다. "이제 누구랑 놀지? 외로워" "너무 화가나" "엉엉 속상해" "선생님한테 혼나면 어떡하지?"

3) 마무리

① 갈등-관계파괴-부정적 감정이라는 세 국면과 유아들에게 남는 부정적 감정에 대해 각자 경험을 이야기해 본다.

9. 활동평가:

① 유아들이 죄의 결과로 나타나는 부정적인 정서들에 대해 경험했는가?

② 유아들이 관계의 갈등과 깨어짐이 부정적인 정서들로 나타남을 경험하고 죄에 대해 두려워하는가?

1. **활동제목:** 죄로 몸이 아파요.

2. **관련성구:**

   "그 후에 예수께서 성전에서 그 사람을 만나 이르시되 보라 네가 나았으니 더 심한 것이 생기지 않게 다시는 죄를 범하지 말라 하시니"(요 5:14)

3. **활동목표:**

   ① 죄로 인해 정신적, 육체적 질병이 생김을 안다.

   ② 죄로 인한 질병과 신체적 고통을 표현해 봄으로 죄 된 행동을 멀리한다.

4. **활동영역:** 의

5. **활동유형:** 표현, 신체활동

6. **활동자료:** 금연광고 동영상 (https://youtu.be/U0mEagEcXMQ), 금연 사진 자료들, 보자기

7. **활동초점:** 죄로 인해 모든 것이 왜곡되어서 신체적 질병이 생기는 관계를 이해하고 표현해 보는데 초점을 맞춘다.

8. **활동방법:**

   1) 도입

   ① 교사는 금연광고를 보여준다.

   ② 교사는 유아에게 담배 피우는 어른들 근처에서 연기를 경험한 적이 있는지 질문하면서 담배 피우는 사람들이 걸리는 병에 대해 이야기를 나눈다.

   2) 전개

   ① 교사는 유아들과 흡연자들이 걸리는 질병과 고통, 죽음, 치료를 위한 노력 등을 이야기 하면서 담배를 피우는 것이 '죄'가 될 수 있는지 이야기 한다.

② 담배를 피우면 우리 몸이 많이 아프고 고통스러워하는 자료를 유아들에게 보여준다.

③ 흡연이 나쁜 결과를 초래한다는 것을 알면서도 흡연을 계속 하는 사람들 속에 아담이 전해 준 '죄'가 작용하여 죄를 짓게 된다는 것을 같이 이야기해 본다.

④ 유아들에게 검은색 보자기를 주고 흡연 후 신체가 느끼는 고통을 어두운 조명과 음악을 통해 표현해 본다.

3) 마무리

① 유아들이 신체 표현 활동이 끝난 후 자신이 느꼈던 감정과 느낌을 이야기해 보고 죄 된 행동을 끊는 것에 대한 결의문을 작성해 본다.

② 유아들과 죄로 인해 다른 질병과 고통을 받는 영역이 있는지 이야기해 본다.

9. 활동평가:

② 유아들이 죄의 결과가 정신적, 육체적으로 병들게 함을 경험했는가?

① 유아들이 의지적으로 죄 된 습관을 고치려고 노력하는가?

열 다섯 번째 교리 이야기

하나님의 언약.

내기 너외 여자를 서로 원수가 되게 하고, 네 자손과 여자의 자손도 원수가 되게 할 것이다. 여자의 자손이 네 머리를 부수고, 너는 그의 발꿈치를 물 것이다.”(쉬운 성경 창세기 3장 15절)

여호와 하나님께서 동물 가죽으로 옷을 만들어서 아담과 그의 아내에게 입혀 주셨습니다. (쉬운 성경 창세기 3장 21절)

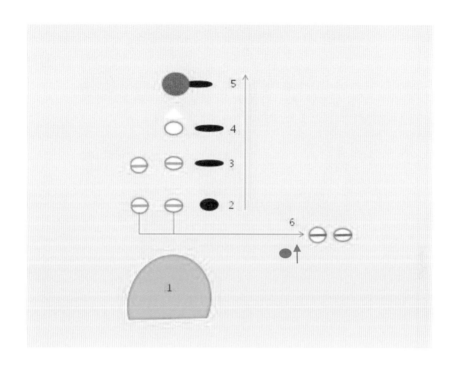

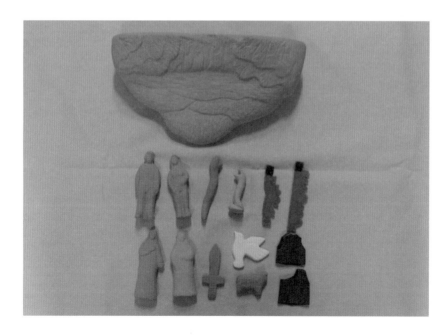

하나님의 언약

★ 나이:

  A) 4-7세

★ 자료출처:

  A) 소요리 문답 20문

  B) 창3:15, 창3:21

★ 교회력:

  A) 특별한 시기 없음

★ 영적 필요조건:

  A) 유아가 구원의 소망을 가지고 알고 싶어 할 때 제시

★ 제시 필요조건:

  A) 웨스트민스터 소요리 문답 순서에 맞춤

★ 교리문답:

  20문: 하나님께서 모든 인류를 죄와 비참한 처지에서 멸망하게 버려두셨습니까?

    하나님께서는 영원부터 오직 그분의 선하신 뜻대로 어떤 사람들을 영생에 이르도록
    선택하셨고 구속자로 말미암아 그들을 죄와 비참한 처지에서 건져 내어 구원의 지
    위에 이르게 하시려고 은혜 언약을 세우셨습니다.

★ 신학적 관점:

아담과 하와는 하나님과 맺은 언약을 지키지 못하였다. 그들은 하나님의 형상으로 창조되어 본성에 죄가 없으며 도덕적 성품과 자유의지에 있어서 선한 것을 추구하고 택할 수 있는 능력을 가지고 있었다. 인간의 순종을 통해 영원히 하나님과 올바른 관계를 맺는 언약(행위언약)을 지키는 것은 아담에게 어려운 것이 아니었다. 그래서 하나님이 아담과 맺은 언약은 은혜로운 것이었다. 그러나 아담의 자유의지의 남용과 하나님처럼 되려는 욕망은 언약의 선을 넘어가게 하였다. 이것은 언약 파기의 결과인 죽음이 인간뿐만 아니라 모든 피조 세계로 들어오게 만드는 결과를 낳았다(롬5:12). 세상은 관계성의 분리와 죽음, 고통, 파멸을 경험하게 되었다. 그러나 저주 받은 세상에서도 하나님은 구원과 은혜의 역사를 예비하신다. 여자의 후손이 아담을 넘어뜨린 뱀의 후손과 원수가 되어 그의 머리를 밟을 것이라는 말씀은 하나님의 구원 역사에 대한 전조를 보여준다(창3:15). 인간 역사에서 여자의 후손으로 오신 분은 성령으로 잉태되어 마리아를 통해 오신 예수 그리스도 외에는 없다. 예수 그리스도의 태어남, 생애, 죽으심, 부활, 승천은 사탄에 대해 결정적으로 승리하신 사건이다. 죄로 인한 허무와 죽음으로 향하는 세상에 대해 하나님은 끝까지 은혜로우시다. 또한 아담과 하와가 에덴에서 나갈 때에도 하나님은 가죽옷을 지어 입히신다(창3:21). 죄(언약 파기)의 결과는 사망이다. 죄의 결과로 드러난 아담과 하와의 부끄러움과 수치심을 덮는 데는 한 생명의 죽음이 필요했다. 하나님은 무고한 한 짐승을 희생하여 아담과 하와의 수치를 덮어주셨다. 이는 그리스도의 대속적 죽음을 예표하고 있음을 보여준다. 이러한 사랑은 하나님의 독생자이신 예수 그리스도 피의 대속적 언약을 통해 나타난다. 하나님의 언약적 사랑은 예전이나 지금이나 영원히 한결 같으시다!!

★ 직접 목적:

유아가 죄의 슬픔에서도 구원의 소망을 바라는 것을 돕기 위해

구원의 근원이신 예수 그리스도에 대한 소망을 가지도록 돕기 위해

★ 간접 목적:

은혜에 대한 개념 이해를 위한 덕목 함양 (사랑, 긍휼, 희생)

★ 교리 교구들:

교리이야기 상자, 교리이야기 펠트, 아담, 하와, 뱀(서있는), 뱀(발꿈치를 무는), 에덴동산, 비둘기, 여인, 예수님, 아담과 하와의 가죽 옷 2개, 무화과 나무 옷 2개, 양, 칼.

★ 교리 이야기:

유아들이 원을 그리고 앉으면 교사는 '교리교육 이야기'가 있는 선반으로 가서 **"하나님의 언약"** 교리 이야기가 들어 있는 상자와 성경을 가져온다. 교사는 교구를 앞에 놓고 잠시 묵상의 시간을 가지고 성경을 보고 만지면서 말씀이 형성되면 이야기 한다.

"하나님은 우리에게 너무나 많고 큰 선물들을 주셨어요. 그 중에서 하나님에 대해 바로 알 수 있도록 주신 선물이 성경이에요. 성경은 하나님과 우리를 진실하게 알게 하는 책이에요. 성경은 하나님이 많은 사람들을 감동시키셔서 오랫동안 쓰도록 하신 하나님의 책이에요. 이러한 성경을 전체적으로 알 수 있도록 해주는 것이 교리입니다. 교리는 하나님과 우리에 대해 명확하게 알게 해줘요. 이 상자에는 처음 사람 아담의 죄로 인해 아픔과 슬픔을 가진 사람들에게 기쁨과 소망을 알려주는 이야기가 들어 있어요."

상자를 조심스럽게 열어 교리 이야기 펠트를 꺼내 Trace 하고 나서 펠트 중간에 에덴 동산, 아담과 하와, 뱀(서있는)을 나란히 놓는다. 잠시 침묵하고 나서 에덴 동산을 Trace하고 나서 말한다.

"에덴 동산에서 슬픈 일이 벌어졌어요. 아담과 하와는 하나님께서 먹지 말라는 열매를 먹어 저주를 받아 죽게 되었지요. 이것은 하나님의 약속을 지키지 못한 결과에요. 하나님의 약속은 반드시 이루어지지요."

아담과 하와를 Trace하고 나서 말한다.

"아담의 자녀들은 고통과 슬픔을 알게 되었고 죽을 수 밖에 없었어요."

잠시 침묵한다. 뱀(서있는)을 Trace하고 나서 말한다.

"아담과 하와를 유혹한 뱀도 저주를 받아 땅을 기어 다니게 되었어요. 사탄은 뱀을 통해 인간이 하나님의 약속에 불순종하도록 유혹했어요. 하나님은 뱀에게 놀라운 말씀을 하였지요."

아담과 하와를 가리키고 나서 하와를 앞으로 이동시킨다. 여인을 놓고 비둘기를 앞에 놓는다. 뱀(서있는)을 만지면서 뱀(무는 뱀)을 여인 옆에 놓고 말한다.

"내가 너와 여자를 서로 미워하게 하고 네 자손과 여자의 자손도 미워하게 할 것이다."

비둘기 앞에 예수님을 놓고 Trace하면서 말한다.

"여자의 자손이 네 머리를 부수고 너는 그의 발꿈치를 물 것이다."

예수님이 뱀(무는 뱀)의 머리를 밟고 서있도록 이동시킨다.

잠시 침묵한다.

여인, 예수님, 뱀(서있는), 뱀(무는 뱀)를 정리한다.

아담과 하와의 몸을 녹색 천 옷으로 입히고 나서 말한다.

"아담과 하와는 하나님의 약속을 불순종하여 서로 미워하였고 부끄러운 마음이 들었어요. 아담과 하와는 무화과나무 잎을 엮어 옷을 만들어 입었지요. 그러나 아담과 하와는 자신들의 죄에 대한 부끄러움을 가리지 못했어요."

아담과 하와를 에덴 동산 오른쪽으로 이동시키고 나서 말한다.

"그러나 하나님은 아담과 하와를 사랑하였지요. 하나님은 아담과 하와의 부끄러움을 가려주고 싶었어요. 죄에 대한 부끄러움을 가리는 유일한 방법은 생명이 희생되는 것이에요."

잠시 침묵하고 나서 양을 뉘어 놓고 옆에 칼을 놓는다.

"하나님은 한 동물을 희생하여 가죽 옷을 지었어요."

뉘어 있는 동물 앞에 가죽옷 2개를 놓는다.

"하나님은 한 생명을 희생시켜 얻은 가죽 옷을 아담과 하와에게 입혔지요. 하나님은 아담과 하와의 죄에 대한 부끄러움을 한 생명을 희생하여 얻은 가죽 옷으로 덮어주었어요. 하나님은 죄를 범한 아담과 하와를 끝까지 사랑하였지요."

교사는 아담과 하와를 에덴동산 오른쪽 끝으로 이동시킨다.

잠시 침묵하고 나서 교리질문을 한다.

★ 교리질문:

A) 하나님은 뱀과 여자의 후손에 대해 무엇을 말했나요?

B) 여자의 후손과 뱀의 후손은 누구를 말하는 것일까요?

C) 왜 아담과 하와는 무화과 나무 잎으로 옷을 만들어 입었나요?

D) 왜 하나님은 가죽 옷을 아담과 하와에게 지어 입혔나요?

E) 하나님은 아담과 하와에 대해 어떤 마음을 가졌나요?

★ 교리찬양:

구원의 약속

작사: 박용윤
작곡: 박용윤

하 나님의 언약은 구 원이라 네
하 나님의 말씀은 진 리되시 며

하 나님의 약속은 사 랑이라 네
하 나님의 말씀은 사 랑이시 네

아담에게털옷을 가인에게보호를 노아에게무지개를 주 시 고
우리용서하시고 구세주를주셨네 십자가의피가우리 구 했 네

모세에게구리뱀을 주 심은구 원 의약 속 이라네
우리들을사랑하신 하 나님사 랑 의언 약 이라네

★ 교리찬양:

약속의 열매

작사: 박용윤
작곡: 박용윤

하나님의 동 - 산을 떠 나 왔 - 지만 -
하나님의 약 - 속은 변 함 이 - 없 네 -

하나님의 사 - 랑은 남 아 있 - 어요 -
하나님의 말 - 씀은 영 원 하 리 라 -

우리들을사랑하 신 하 나 님 - 께서 -
범죄한아담과하 와 보 호 하 셨 네 -

약 속의 열 - 매를 내 려 주 셨 - 어요 -
죽 음의 골 - 짜기 견 디 게 하 - 셨 네 -

★ 관련 작업 활동(Art Material):

1. **활동제목**: 불순종/순종

2. **관련성구**:

   "자녀들아 모든 일에 부모에게 순종하라 이는 주 안에서 기쁘게 하는 것이니라"(골3:20)

3. **활동목표**:

   ① 불순종은 하나님의 말씀대로 행하지 않는 것임을 안다.

   ② 순종은 말씀대로 따르고 행동하는 것임을 이해한다.

4. **활동영역**: 지

5. **활동유형**: 예술, 극 놀이

6. **활동자료**: 피켓, 극 활동, 소품, 스마트폰

7. **활동초점**: 부모님의 말씀에 순종하지 않는 것은 곧 하나님 말씀에 불순종하는 것이라는 점을 인식하는데 초점을 맞춘다.

8. **활동방법**:

1) 도입

① 교사는 교리교구활동에서 아담과 하와의 불순종 결과로 죄가 들어와 서로 미워하고 책임을 다른 사람에게 돌렸음을 상기시킨다.

② 우리도 생활 속에서 하나님, 부모님, 선생님께 불순종하였던 경험들을 생각하면서 이야기를 나눈다.

2) 전개

① 유아들이 이야기한 내용으로 대사를 만들어 동영상을 찍어본다.

예) 엄마: **야! **방에 블록, 스케치북, 크레파스가 여기저기 있어 너무 더럽네. 정리해 볼까?

유아: 싫어! 이 많은 걸 나보고 어떻게 하라고...

엄마: **가 더럽혔으니, 네가 해야지! 어서 하지 못해(화난 목소리로).

해설: ('불순종' 피켓을 들고) 이렇게 불순종하니 엄마는 화를 내시고 아이는 짜증나고 불안한 마음이 들어요.

('불순종' 피켓을 돌려 '순종'으로 바꾸고) 순종을 한다면 어떻게 될까요?

엄마: **야! 방이 너무 더럽네. 정리해 볼까?

유아: 네~~~ 제가 놀이하던 놀잇감은 제자리에 정리할게요.

엄마: 하하하 그래~~~ **가 스스로 정리를 잘하는 구나! 힘들면 엄마가 도와줄게

유아: 아니에요. 다 했어요.

해설: 엄마는 기뻐하시며 도와주겠다고 하시고, 아이도 엄마의 칭찬을 들어 기분이 좋고 편안한 마음이 들어요.

② 유아들이 경험한 내용으로 대사를 만들어 배역을 정하고 극놀이를 하고 영상을 제작한다.

3) 마무리

① 불순종과 순종하였을 때 마음이 어떠했는지 이야기를 나누어 본다(해설 부분은 유아들이 표현할 수 있도록 도울 수 있다).

② 촬영한 동영상을 다른 반 유아들이나 동생들과 함께 관람한다.

9. 활동평가:

① 유아들이 활동을 통해 불순종의 의미를 알고 이해했는가?

② 유아들이 활동을 통해 순종의 의미를 알고 이해했는가?

1. **활동제목**: 위풍당당 행진곡

2. **관련성구**:

"노아는 하나님께 은혜를 입었더라. 노아는 의인이요 당대에 완전한 자라 그는 하나님과 동행하였으며"(창6:8-9)

3. **활동목표**:

① 하나님에게 순종한 노아의 삶을 음악을 통해 느끼고 경험해 본다.

② 하나님 말씀에 순종하는 관계의 아름다움을 활동을 통해 경험한다.

4. **활동영역**: 정

5. **활동유형**: 예술, 음악 감상

6. **활동자료**: [판타지아] 중 위풍당당행진곡 영상, 어린이 성경, 수성물감, 색종이

7. **활동초점**: 하나님께서 순종을 기뻐하시기 때문에 순종하는 사람과 하나님의 관계적 아름다움을 음악 활동을 통해 느껴보고 경험하는데 초점을 맞춘다.

8. **활동방법**:

1) 도입

① 교사는 사람들의 불순종으로 하나님이 슬퍼하였지만 노아는 하나님 말씀에 순종하여 하나님이 창조하신 동물들과 노아 가족들이 홍수(죽음)에서 구원 받았음을 성경을 찾아 유아들과 같이 이야기를 나눈다.

2) 전개

① 월트 디즈니에서 제작한 <판타지아>시리즈의 하나인 엘가의 '위풍당당 행진곡'의 영상을 보면서 음악을 감상한다.

② 교사는 음악 감상 후 하나님이 노아의 순종을 기뻐하였고 홍수 후에 다시는 물로 심판하지 않으시겠다는 약속의 표시로 무지개를 보여주셨다는 것을 설명한다.

③ 빨강, 노랑, 파랑 3색의 수성물감과 색종이 등 다양한 재료를 이용하여 유아들이 무지개를 꾸며본다.

3) 마무리

① 벽면에 커다란 무지개 아웃라인을 그려 놓고 일과 중 순종했을 때 스티커를 붙여 완성해본다.

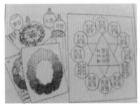  

9. **활동평가:**

① 음악을 통해 순종한 노아의 삶을 경험적으로 알았는가?

② 하나님 말씀에 유아들은 순종하기를 즐거워하며 기뻐하는가?

1. **활동제목:** 그래도 사랑 하세요.

2. **관련성구:**

"내가 너로 여자와 원수가 되게 하고 네 후손도 여자의 후손과 원수가 되게 하리니 여자의 후손은 네 머리를 상하게 할 것이요 너는 그의 발꿈치를 상하게 할 것이니라 하시고" (창3:15)

3. **활동목표:**

① 죄 가운데서 하나님은 은혜를 통해 구원을 이루시는 분임을 경험한다.

② 유아가 하나님의 구원과 복음을 경험적으로 알고 다른 사람들에게 복음을 전한다.

4. **활동영역:** 문학, 조작(신체, 소 근육)

5. **활동유형:** 의, 조작활동

6. **활동자료:** Evangecube, 예정원 복음제시교구(무지개 다리와 십자가 다리)

7. **활동초점:** 하나님의 구원과 은혜를 유아들이 경험적으로 알아 다른 유아들이나 주변 사람들에게 실제로 복음을 전해보는데 초점을 맞춘다.

8. **활동방법:**

1) 도입

① 교사는 교구활동에서 아담과 하와가 하나님의 약속을 어김으로 부끄러워 할 때 하나님이 동물을 희생시켜 아담과 하와에게 가죽옷을 입혀 주고 끝까지 사랑하신 이야기를 상기시킨다.

② 교사는 유아에게 죽을 수밖에 없는 아담의 후손인 우리를 위해 여자의 후손으로 오신 예수그리스도를 통해 구원을 이루신 하나님의 한결같은 사랑을 설명해 준다.

2) 전개

① 교사는 Evangecube나 예정원 복음제시 교구로 복음 전하는 제시를 보인다.

② 유아들이 큐브나 복음제시 교구를 스스로 조작해 볼 수 있는 기회를 갖는다.

* 아담과 하와가 불순종하여 우리는 죄로 하나님과의 관계가 단절되었다.

* 하나님은 우리를 너무 사랑하셔서 하나밖에 없는 아들 예수님을 세상에 보내셔서 우리를 위해 십자가에 못박혀 죽게 하셨다.

* 그러나 예수님은 사흘 만에 죽음을 이기고 부활하여 우리가 하나님께로 갈 수 있는 길을 여셨다.

* 하나님은 예수님을 통해 우리를 죽음(지옥)에서 건져주셨다.

3) 마무리

① 유아들이 큐브나 복음제시 교구(무지개 다리와 십자가 다리) 조작하는 방법과 복음을 알아 주변의 다른 유아들에게 복음을 전한다.

9. 활동평가:

① 유아가 하나님의 은혜로 구원받았음을 경험했는가?

② 유아가 복음과 구원의 의미를 알고 주변에 복음을 전하려고 하는가?

참고문헌

강영안 외20 (2014). 한국교회 개혁의 길을 묻다. 서울: 새물결플러스.

강요안나 (2014). 감각을 통한 어린이 영성교육 프로그램 연구-영·유아기 아동을 중심으로-. 장로회신학대학교 석사학위 논문.

구경선 (2005). 영유아 교사를 위한 몬테소리 교육의 사상과 실제. 교육아카데미.

고원석 (2015). 교리문답의 교수학적 가능성 연구. 기독교교육논총 43. 199-227.

김성수 (2013). 개혁주의 기독교교육의 원리와 과제. 개혁논총. 28. 9-42.

김은수 (2011). 개혁주의 신앙의 기초Ⅰ. 서울: SFC.

김의환 편저(2003). 개혁주의 신앙고백집. 서울: 생명의말씀사.

서영준 (2015). 개혁주의 관점에서 살펴 본 쉐마교육. 개혁논총. 35. 327-364.

서철원 (2006). 교리의 현대적 의의. 신학지남 73(1). 9-30.

오상원 (2013). 기독교 교리교육의 원리와 실천. 장로회신학대학교 석사학위논문. 2013.

이정규 (2008). 예수님의 정원으로 가는 여행. 예정원.

이진희 (2012). 유아를 위한 기독교 영성교육 연구 -몬테소리학파를 중심으로 -. 장로회신학대학교 석사학위논문.

임대진 (2014). 교리교육을 통한 개혁주의 교회교육의 실천방안 연구. 총신대학교 석사학위논문.

유선희 (2009). 어린이 영성교육을 위한 연구. 장로회신학대학교 박사학위 논문.

유선희 (2012). 제롬 베리만(Ierome W. Berrymon)의 어린이영성교육 연구. 기독교교육논총 32. 167-197.

정일웅 (1988). 칼빈의 교리교육과 제네바 신앙교육서 연구. 신학지남 55(4). 143-160.

정일웅 (1990). 칼빈의 교리교육과 교육목회. 신학지남 57(1). 63-80.

정정미 (2010). 유아 영성의 이해와 그 교육적 적용에 관한 고찰. 기독교교육정보. 27. 383-403.

조성자 (1996). Montessori 교육학. 서울: 중앙적성출판사.

최삼경 (1994). 교리적 연구와 교육, 교단의 적극적 대응 있어야. 새가정. 124-126.

최윤배 (2014). 기독교 교리 교육의 필요성에 관한 연구. 한국조직신학연구. 20. 140-161.

최윤식 (2014). 2030 대담한 미래2. 서울: 지식노마드.

황희상 (2015). 지금 시작하는 교리교육. 서울: 지평서원.

Batholomew, Craig G & Goheen, Michael W. The Drama of Scripture. 김명희 역.『성경은 드라마다』. 서울: Ivp, 2004.

Berkof, Louis. The history of Christian doctrines. 박문재 역,『기독교 교리사』. 고양: 크리스챤다이제스트, 2008.

Day, L. G. (1975). The development of the god concept : a symbolic interaction approach. Annual convention of the Christian for Psychological studies in Oklaohma City, Aprill, 12-14.

Dyken, Donald Van. Rediscovering Catechism. 김희정 역.『잃어버린 기독교의 보물 교리문답 교육』. 서울: 부흥과개혁사, 2010.

Elkind, D. (1979). The origins religious in the child. NY : Oxford University.

Johnson, Terry L. Catechizing Our Children. 김태곤 역.『교리교육이 우리 아이를 살린다』. 서울: 생명의말씀사, 2013.

Montessori, Maria. 어린이를 위한 종교교육. 조성자 역.『몬테소리의 어린이를 위한 종교교육』. 미루나무, 1993.

Michael Horton. Pilgrim Theology: Core Doctrines for Christian Disciples. 박홍규 역,『천국 가는 순례자를 위한 조직신학』. 서울: 부흥과개혁사, 2015.

Standing, E. M. (1965). The Child in the Church by Maria Montessori and others. North Central Publishing Co.

Tina Lillig. (1998). The Catechesis of the Good Shepherd in a Parish Setting. Archdiocese of Chicago: Liturgy Training Publications.

Trueman, Carl R. The creedal imperative. 김은진 역,『교리와 신앙』. 서울: 지평서원, 2015.

Wilkins, Michael J. Following the Master. 황영철 역,『제자도 신학』. 서울: 국제제자훈련원, 2015.

Willis Jr, Avery T & Snowden, Mark. Truth That Sticks. 김연수·김택주 역. 『성경 스토리텔링』. 서울: 아가페북스, 2015.

http://www.kidok.com/news/article.

http://www.newscj.com/news/article.

http://legacy.www.hani.co.kr/section.

http://kostat.go.kr/portal/korea.

위키백과, https://ko.wikipedia.org/wiki.

교회용어사전, http://terms.naver.com/entry.